Hanes Atgas

Y DDAU RYFEL BYD ENBYD

Catrin Stevens

Lluniau Graham Howells

Gomer

Cyhoeddwyd yn 2011 gan Wasg Gomer,
Llandysul, Ceredigion SA44 4JL

ISBN 978 1 84851 296 2

Dymuna'r cyhoeddwyr gydnabod cymorth
Adrannau Cyngor Llyfrau Cymru.

Argraffwyd a rhwymwyd yng Nghymru gan
Wasg Gomer, Llandysul, Ceredigion SA44 4JL

CYNNWYS

CYFLWYNIAD CYFLYM

Ydych chi'n mwynhau darllen am ladd a llosgi, brwydro a bomio, llwgu a llygod mawr? Wrth gwrs, ac felly, dyma'r union lyfr i chi, achos hanes atgas dau Ryfel Byd enbyd yn hanner cyntaf yr ugeinfed ganrif sydd yma. OND byddwch yn ofalus:

RHYBUDD

Peidiwch â darllen yr hanes atgas hwn yn eich gwely cyn mynd i gysgu, neu fe gewch chi hunllefau heintus a breuddwydion brawychus.

Cuddiwch eich copi rhag eich athrawon Hanes busneslyd, neu byddan nhw'n siŵr o'ch plagio a'ch poenydio â chwestiynau chwerthinllyd fel:

* Gan fod y Rhyfel Byd Cyntaf MOR enbyd, roedd pawb yn dweud mai hwn fyddai'r rhyfel MAWR olaf AM BYTH! – tan yr Ail Ryfel Byd, wrth gwrs!

** Am amser hir ar ôl yr Ail Ryfel Byd roedd pobl yn meddwl bod Hitler yn dal yn fyw, ac yn gweld dynion tebyg iddo fe o gwmpas y lle ym mhobman. Ond peidiwch â phoeni, bu farw Adolf Hitler ar 30 Ebrill 1945, a dydy e ddim yn cuddio yn eich ysgol chi fel athro hanes anobeithiol.

Ond beth wnaeth Cymru fach i helpu'r ymdrech ryfel yn ystod y ddau Ryfel Byd enBYD a MAWR hyn?

Ffeil o Ffeithiau Ffantastig am Gymru a'r rhyfeloedd:

Mae'n ffaith i chi fod:

- 272,000 o Gymry wedi ymladd dros Brydain yn y Rhyfel Byd Cyntaf
- 55,000 o Gymry wedi'u lladd yn ystod y ddau Ryfel Byd enbyd
- miloedd yn gweithio mewn ffatrïoedd enfawr yng Nghymru yn ystod y ddau Ryfel Byd, yn gwneud bomiau a sieliau i ladd pobl – plant, gwragedd a dynion, ar draws y byd i gyd
- rhywun o'ch teulu chi – hen, hen daid neu dad-cu, nain neu fam-gu – siŵr o fod wedi bod yn rhan o'r lladd a'r brwydro yma. Yn anffodus, am eu bod nhw wedi cael amser mor ofnadwy, mae'n bosib na fyddan nhw eisiau cofio na siarad amdano.

7

Ond mae'n amlwg fod Cymru fach wedi gwneud cyfraniad MAWR i'r ymladd a'r lladd! Da iawn hi!

Ond beth ddigwyddodd pryd a ble?

Digwyddodd cymaint o bethau brawychus ac erchyll yn hanner cyntaf yr ugeinfed ganrif, mae'n hawdd i athrawon athrylithgar, hyd yn oed, gymysgu'r holl ddigwyddiadau. Fe gymerwn ni un rhyfel ar y tro rhag ofn i ni ddrysu'n llwyr.

Y RHYFEL BYD CYNTAF ENBYD

Cyflwyniad Arall!

LLINELL AMSER Y RHYFEL BYD CYNTAF ENBYD

Llyncwch y llinell amser anhygoel hon a bydd eich athrawon Hanes trist yn dwlu arnoch chi. Maen nhw'n hoff iawn o ddyddiadau di-ben-draw, felly byddwch yn swot selog.

TIP TWP

I lyncu dyddiadau diflas: Edrychwch arnyn nhw am dri munud, daliwch eich trwyn, caewch eich llygaid a llyncwch dair gwaith. Wel, tri chynnig i Gymraes yntê?

1914

28 Mehefin

Dyn dwl o Serbia'n saethu'r Arch-ddug Franz
Ferdinand o Awstria-Hwngari yn farw yn Sarajevo.
Y ddwy wlad yma'n dechrau ymladd.

4 Awst

Yr Almaen yn ymosod ar Wlad Belg. Prydain yn ymuno
â'r rhyfel i amddiffyn Gwlad Belg fach. Miloedd o
Gymry ifanc yn rhuthro i ymuno â'r fyddin, yn credu
bod mynd i Ffrainc yn filwr yn llawer gwell na bod yn
was fferm yn sir Fôn, neu'n löwr i lawr pwll glo yn y
Rhondda!

Medi-Tachwedd

Pawb yn cloddio ffosydd i guddio ynddyn nhw ar
draws Gwlad Belg a Ffrainc — a dyna lle buon nhw
wedyn yn trio dod allan o'r ffosydd ffiaidd yma.

1915

Ebrill

Yr Almaenwyr yn defnyddio nwy gwenwynig (panig mawr!). Prydain yn penderfynu copïo'r syniad simsan hwn, y gwynt yn chwythu'r nwy 'nôl i'w ffosydd nhw eu hunain. 2,000 yn cael eu mygu (peswch, peswch!) a saith yn cael eu lladd. (Clyfar iawn, Prydain!)

Hurra! Gallwn ni fynd adre nawr. Maen nhw wedi dechrau lladd eu hunain!

7 Mai

Y *Lusitania* – llong deithio o Brydain, yn cael ei suddo gan long danfor o'r Almaen. Boddi 1,198, gan gynnwys 128 o Americanwyr. America'n gwylltio'n gacwn — ond ddim yn ymuno yn y ffrae!

1916
31 Mai – 1 Mehefin
Brwydr Jutland — ar y môr.

Brwydr Bril Jutland

Nifer y llongau wedi'u suddo:

Yr Almaen	11
Prydain	15

Canlyniad: Gêm gyfartal (medden nhw)! (Da iawn bawb, ond y rhai oedd wedi boddi wrth gwrs!)

1 Gorffennaf – 18 Tachwedd
Brwydr fawr y Somme. 20,000 o filwyr Prydain yn colli'u bywydau ar y diwrnod cyntaf yn unig.

7–12 Gorffennaf
Cipio Coedwig Mametz — 4,000 o Gymry yn marw (llawer rhagor am y straeon sobreiddiol hyn dan 'Awr Fawr y Cymry?').

15 Medi
Prydain yn dechrau defnyddio tanciau ar y Somme, ond y tanciau'n mynd yn sownd yn y mwd.

7 Rhagfyr

David Lloyd George, y dewin bach Cymreig, yn brif weinidog Prydain FAWR.

Abracadabra!

Tybed beth sy gan y dewin bach dwl i fyny'i lawes heddi?

1917

6 Ebrill

America'n ymuno yn y rhyfel — hen bryd hefyd.

16 Gorffennaf–Tachwedd

Trydedd Brwydr Ieper (Ypres i rai) (rhagor o ladd a marw'n ddi-ddiolch).

31 Gorffennaf

Y bardd Hedd Wyn yn cael ei ladd ym mrwydr Passchendaele. (Mae hanes hyll yr arwr anobeithiol hwn mewn ffilm ffantastig ac o dan 'Portread Parchus o Arwr Arswydol'.) Prydain yn araf iawn iawn yn ennill tir — byddai'n cymryd 180 mlynedd i ennill y rhyfel ar y cyflymder hwn!

1918

11 Tachwedd

Y Rhyfel Byd Cyntaf yn dod i ben – amseru cŵl iawn: 11 o'r gloch ar yr 11eg diwrnod yn yr 11eg mis o'r flwyddyn!

Heddwch — am nawr!

CWIS CAMPUS AM Y RHYFEL BYD CYNTAF ENBYD (1914–18)

(Rhowch farciau i'ch hunan am bob ateb cywir – hwrê!)

1. *Pwy oedd yn ymladd?*

(a) Pawb ym mhob cartref, pentref a thref yn y byd!
(b) Yr Almaen, Ffrainc, Prydain, Rwsia, Awstralia, America, Twrci, yr Eidal, Awstria, Canada, India a … (100 o genhedloedd erbyn y diwedd); dyna beth oedd Rhyfel BYD.

(c) Pawb ond y Swistir, Sweden, Sbaen, yr Iseldiroedd,
Denmarc – a hynny dim ond yn Ewrop. Felly, dim
rhyfel dros y BYD i GYD?

Ewrop

2. *Pam oedden nhw'n ymladd?*

(a) Does neb yn cytuno pam – a doedd neb yn cytuno
yn 1914 chwaith!

(b) Ar ôl i un wlad ymosod ar wlad arall (Awstria ar
Serbia i ddechrau) roedd eu ffrindiau i gyd eisiau
dod i'r parti. Ffrindiau Serbia oedd Rwsia, Ffrainc a
Phrydain (a holl ffrindiau eraill Prydain – Canada,
Seland Newydd . . .). Dyma wledydd y
Cynghreiriaid (enw crachaidd). Ffrindiau Awstria
oedd yr Almaen a Twrci (y wlad, NID yr aderyn).
Dyma Wledydd yr Axis (enw crachaidd iawn).
A phan oedd y rhain yn joio'r parti roedd pawb
arall eisiau ymuno hefyd.

(c) Oes angen rheswm? Ar ôl canrif eitha tawel a heddychlon roedd hi'n bryd cael tipyn o sbort a sbri, a lladd a saethu . . .

3. *Beth yn y byd oedd gan Gymru fach i'w wneud â hyn i gyd?*

(a) Gan fod Cymru'n rhan o Brydain FAWR yn y cyfnod yma, doedd ganddi ddim llawer o ddewis.

(b) Dim llawer, ond ei bod hi'n hoffi busnesa ym musnes gwledydd eraill.

(c) Roedd Cymru'n teimlo'n drist dros wledydd bach Belg a Serbia ac yn barod i **HER**io'r bwli **MAWR**.

Dwi'n dy **her**io di i adael Gwlad Belg, **Herr** Hỳn.*

* Pan oedd Prydain eisiau bod yn sbeitlyd iawn, roedden nhw'n galw'r Almaenwyr yn Hỳns – bwlis barbaraidd blewog yn eu hen hanes – tebyg i'r Sacsoniaid yn hanes Lloegr!

4. *Beth oedd y menywod yn ei wneud gartref yng Nghymru tra oedd y dynion bant yn joio ac yn ymladd?*

(a) Mynd allan i ddwyn swyddi'r dynion yn y ffatrïoedd ac ar y ffermydd.

(b) Cuddio mewn cypyrddau nes bod y rhyfel ar ben.

Cw-i! Ydy hi'n ddiogel i fi ddod allan nawr?

(c) Eistedd wrth y tân yn gwau sanau cynnes i'r milwyr yn y ffosydd oer a gwlyb.

Atebion
1 b + c;
2 b (a thipyn bach o a + c hefyd);
3 a + c; 4 a + c.

DECHRAU YN Y DECHRAU – SUT I DDENU'R WERIN WIRION I'R FYDDIN FAWR?

Dyna'r cwestiwn. Yn ffodus, roedd gan Gymru sawl seren syrffedus oedd yn deall y Cymry i'r dim, ac yn gwybod sut i recriwtio bois bach llipa i ymuno yn y fyddin fawr.

SEREN SYRFFEDUS *

David Lloyd George
Y seren fwyaf syrffedus. Un o'r werin datws o Lanystumdwy, Penrhyn Llŷn a Phrif Weinidog Prydain rhwng 1916 a 1922. Roedd y Cymry wedi dwlu ar y dewin bach dwl. Galwodd e ar y Cymry i gefnogi'r gwledydd bach eraill 5 troedfedd 5 modfedd (1.651 metr i chi a fi) yn y byd. Ac wrth gwrs, llyncodd Cymru eiriau'r dewin yn ddi-halen.

Serbia
1.600
metr

Belg
1.640
metr

Cymru
1.500
metr

Yr Almaen
3.500 metr

SEREN SYRFFEDUS **

Y Parchedig John Williams, Brynsiencyn
Prif bregethwr y Methodistiaid oedd yn gwisgo fel
milwr yn y pulpud. Denodd filoedd o weision ffermydd
gogledd Cymru i fentro i'r fyddin fawr – da iawn, John!

Byddwch yn ddewr,
ymladdwch dros eich gwlad,
eich rhyddid a'ch Duw!

O'n i'n meddwl bod
Cristnogion i fod i
garu'i gilydd.

SEREN SYRFFEDUS ★★★

Y Brigadydd-Gadfridog Owen Thomas

Buodd e'n ymladd yn Rhyfel y Boeriaid yn Ne Affrica, felly o leia roedd e'n gwybod beth oedd rhyfel. Recriwtiodd e 4,000 o fechgyn o sir Fôn yn unig (mae'n syndod fod unrhyw un ar ôl ar yr ynys!). Ond fe dalodd e a'i wraig Frederica yn ddrud IAWN am y propaganda rhyfelgar yma. Collon nhw dri o'u pedwar mab, Robert, Owen a Trefor, ar faes y gad, ac roedd y mab arall wedi marw'n barod (feri, feri, feri, feri sad).

Os yw hi mor *bril* â hynna, pam na wnaiff **E** fynd allan i Ffrainc i ymladd?

Dyma'r math o hysbyseb hyfryd y byddai O.T. wedi'i defnyddio:

FECHGYN MÔN

Eisiau gwasanaethu Cymru?
(hynny yw – Eisiau lladd pobl?)
Ymunwch â'r *Royal Welch Fusiliers*
(ddim yn gallu sillafu *Welsh*?)

Oedran 19-35 Taldra 167 centimetr
Maint brest 90 centimetr

Sut i ymuno? – Ewch i'ch Swyddfa Heddlu leol

DUW GADWO'R BRENIN (yn LLOEGR!)

Tictacau Trawiadol y Recriwtwyr Serennog Syrffedus

- **Sefydlu Corfflu Cymreig** (enw da gan y byddai'r rhan fwya yn gyrff cyn bo hir) ym myddin Prydain Fawr – gydag Owen Thomas yn Gyrnol a John Williams yn gaplan (gweinidog) ynddi. Jobsys i'r bois, felly. Syniad clyfar iawn – nawr roedd ffrindiau o'r un ardal yn gallu ymuno gyda'i gilydd (a chael eu lladd gyda'i gilydd ac ar yr un pryd). (Ta-ta i holl feibion Llanddaniel-fab!)

- **Caniatáu i'r Cymry siarad Cymraeg ac ysgrifennu adre yn Gymraeg** – Saesneg oedd iaith swyddogol y fyddin, achos ro'n nhw'n ofni bod y Cymry yn sbïwyr sbeitlyd, ac yn datgelu cyfrinachau cudd i'r gelyn mewn côd Cymraeg yn eu llythyron adre.

Annwyl Mam a Dad,
Gobeithio eich bod yn iawn.
Dwi'n joio mas draw fan
hyn. Cofiwch ladd y mochyn
erbyn i fi ddod adre ...

Lladd – *isn't that
'to kill'? Highly suspicious.
Arrest this spy.*

Mewn llythyr adre dywedodd Furness Williams o Ruthun, a oedd yn ganwr gwych:

Dwi'n mynd allan i'r ffosydd i ladd Almaenwyr trwy ganu yn Gymraeg iddyn nhw!

Help!

CODAU CYFRWYS

Rheol bwysig iawn i bob sbïwr sbeitlyd:
DIM enwi'r llefydd lle rydych chi'n ymladd. Byddai hynny'n helpu'r gelyn i ddod o hyd i fyddin Prydain.

Ond roedd y Cymry wedi dyfeisio codau cyfrwys. Mewn llythyr dywedodd un ei fod yn hoffi 'bwyta afalau'. Ddim yn deall y côd? Wel, doedd ei deulu e ddim chwaith! Bwyta Afalau – *Eat apples* yn Saesneg – *Étaples,* enw tref yn Ffrainc! Llyncwch honna!

Ysgrifennodd Sam Johnson adre o Balestina at ei rieni crefyddol a dweud ei fod yn ymyl y lle roedd Samson wedi cario giatiau'r ddinas. Rhedodd Mam a Dad yn syth at y Beibl a gweld mai yn Gaza roedd eu mab annwyl cyfrwys iawn.

- **Cyfansoddi caneuon cynhyrfus** – yn erbyn y gelyn mawr ac yn annog y Cymry i ymuno yn y rhyfela.

JINGOISTIAETH oedd yr enw am ganeuon cyffrous o'r fath. Dyma un o'r ffefrynnau. Canwch hi ar yr alaw 'Bing bong a bing bong be'.

Dewch nawr Gymry, peidiwch oedi,
Dewch i ymladd, bawb yn awr,
Cofiwch ddewrder ein t'wysogion,
Rhys, Glyndŵr, Llywelyn Fawr.★

★ Tacteg ddwl achos roedd yr Arglwydd Rhys wedi marw ers 1197 a Llywelyn Fawr ers 1240. Ond, roedd Owain Glyndŵr, medden nhw, yn cysgu mewn ogof yn rhywle yng Nghymru ers 1415, yn aros i'r Cymry alw arno i'w helpu unwaith eto.

Cytgan:
Jing, jong, a jing jong je . . .

Dysgwn wers i'r gelyn creulon,
Dim ond chwinciad fyddwn ni,
Byddwn adre cyn y Dolig★★
Os dewch chi, fois, i'n helpu'n llu.

Cytgan:
Jing, jong, a jing jong je . . .

> Help!
> Dwi'n mynd 'nôl i gysgu
> am 500 mlynedd arall –
> dwi ddim yn hoffi'r
> ceffylau ffasiwn
> newydd 'ma!

- **Creu posteri propaganda** (gair mawr am
  'i berswadio') – roedden nhw'n ddigon i wneud i chi
  grio neu redeg i ymrestru yn y fyddin – ar unwaith.

★★ Roedd pawb yn meddwl y byddai'r rhyfel drosodd erbyn Nadolig
1914! Ond roedd Nadolig 1918 yn nes ati. (Cer 'nôl i gysgu am bedair
blynedd, Siôn Corn.)

Ac roedd un o ganeuon mwyaf poblogaidd y Rhyfel
Byd Cyntaf enbyd, gan y Cymro twymgalon o
Gaerdydd, Ivor Novello, yn apelio ar i famau a
gwragedd Cymru annog eu gwŷr a'u meibion diniwed
i fod yn filwyr dewr.

Cadwch danau'r cartref
'N cynnau'n fflamgoch nawr,
Gyda'r bois ymhell i ffwrdd
Hon yw ein breuddwyd fawr.
Daw yr haul i wenu,
Daw cymylau gwynion,
Cadwch danau'r cartref 'nghynn
Tan ddaw'r bois yn ôl.

- **Defnyddio bwlis bril** – sef merched ifanc, dwl. Pan fyddai merched yn gweld dynion yr ardal oedd ddim wedi rhedeg i ymuno â'r fyddin ar y stryd, bydden nhw'n rhoi pluen wen iddyn nhw i'w gwisgo, mewn cywilydd. Gwyn oedd lliw llwfrgi a chachgi.

Cymer honna'r cachgi cibddall!

Paid wir, ti'n cosi!

Roedd hi'n ffordd handi i ferch gael gwared â chariad roedd hi wedi cael digon arno fe!

- **Cynhyrfu'r Cymry i gasáu'r gelyn – yn enwedig Almaenwyr**

Yn Aberystwyth, ar ddechrau'r rhyfel, ymosododd tyrfa ar gartref Almaenwr o'r enw Dr Ethé. Roedd rhai eisiau ei ladd. Roedd Ethé yn ddyn clyfar iawn ac yn gallu siarad chwe iaith ond DIM Cymraeg, heblaw am un gair – 'cwrw'! Efallai y dylai e fod wedi dysgu ambell air arall hefyd, fel 'Iechyd da', 'Heddwch' ac 'Ewch i ffwrdd!'

Ac roedden nhw hyd yn oed yn ymosod ar gŵn *daschund* o'r Almaen (*hund* yw ci mewn Almaeneg), trwy boeri arnyn nhw a'u cicio!

AA . . . W!
Ond ci *sosej* ydw i, nid daschund 'ta beth!

Ac felly, erbyn Mai 1915, roedd 100,000 o fechgyn Cymru wedi dal y dwymyn ryfel.

Ac wrth gwrs, ar ochr y gelyn roedd yr Almaenwyr a'r Awstriaid wedi bod yn dysgu caneuon jingoistaidd ac yn darllen posteri propaganda di-ben-draw hefyd, ac yn awchu nawr am waed y Saeson, a'r Albanwyr a'r Cymry a'r Ffrancwyr a'r . . .

CREDWCH NEU BEIDIO

Mae'n anodd credu rhai o'r straeon syrffedus am y Cymry a'r Rhyfel Byd Cyntaf. Beth yw'ch barn chi – **GWIR** neu **GAU**? Penderfynwch CHI!

1. Cyn cael ei dderbyn yn filwr roedd yn rhaid i bob dyn weld meddyg. A syrpréis a syndod mawr – doedd llawer o'r Cymry ddim yn ddigon ffit i fod yn filwyr. Roedden nhw'n rhy fyr, neu ddim yn gallu gweld yn iawn.

GWIR neu **GAU?**

2. Roedd rhai bechgyn ifanc gymaint o eisiau bod yn filwyr nes eu bod nhw'n dweud celwydd am eu hoedran. Roedd yn rhaid bod yn 18 oed i ymrestru.

GWIR neu **GAU?**

Ond dwi yn 18 oed, wir nawr!

3. Ar ôl i'r dynion ifanc ymrestru yn y fyddin roedd
yn rhaid eu hyfforddi sut i ddefnyddio gwn a bidog,
a sut i ladd. Roedd un gwersyll hyfforddi yn *Sunny
Rhyl*, does dim rhyfedd fod y dynion yn meddwl eu
bod ar wyliau.

GWIR neu **GAU?**

4. Unwaith roedd y dynion wedi ymuno â'r Corfflu
Cymreig roedd y Cymry'n anghofio popeth
amdanyn nhw. Ta-ta a hwyl fawr oedd hi wedyn!

GWIR neu **GAU?**

5. Roedd pob llythyr oedd yn cael ei anfon o'r ffosydd
yn cael ei ddarllen gan ddyn o'r enw sensor. Ei
waith bach diflas e oedd gwneud yn siŵr nad oedd
unrhyw gyfrinachau rhyfel pwysig yn y llythyron
yma. Ond gan fod 12,500,000 o lythyron yn cael eu
hanfon bob wythnos o Ffrainc yn unig roedd
gormod o waith o lawer i un dyn bach.

GWIR neu **GAU?**

6. Roedd glowyr a chwarelwyr o Gymru yn handi iawn yn y rhyfel i gloddio o dan y tir rhwng ffosydd y gelyn a ffosydd Prydain.

GWIR neu **GAU?**

7. Erbyn 1916 doedd dim llawer o ddynion yn fodlon bod yn filwyr a marw yn y rhyfel (dyna syndod yntê!). Felly penderfynodd y llywodraeth basio deddf i ORFODI pob dyn ifanc rhwng 18 a 45 oed i ymuno â'r fyddin.

GWIR neu **GAU?**

ATEBION

1. GWIR Ond roedd y fyddin gymaint o angen milwyr nes penderfynu derbyn dynion byr iawn, o dan 5 troedfedd 3 modfedd. Cafodd 'Bataliwn y bantams' ei sefydlu ar gyfer y rhain (celliogod ac ieir bach, bach yw bantams!).

Hei ho, hei ho! Ni! ydy'r bantams bach,
Ni'n gryf, ni'n ddewr, ni'n filwyr iach,
Hei ho, hei ho, hei ho!

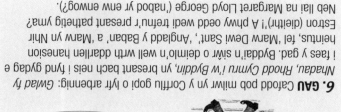

2. GWIR Aeth Alfred Wookey o Dreganna, Caerdydd, i'r Swyddfa Recriwtio i ymrestru yn Awst 1915 a dweud ei fod yn 19 oed. Dim ond 14 oed oedd e mewn gwirionedd! Clywodd ei rieni am ei gelwydd golau, ac o fewn chwe mis roedd e wedi cael ei anfon adre atyn nhw. (Efallai fod y fyddin yn well na bonclust gan Mami!)

3. GWIR Ac roedden nhw wrth eu bodd – am rai misoedd. Yn torheulo ar y tywod, yn reidio ar gefn asynnod ac yn bwyta hufen iâ mefus (fel gwaed). Y broblem fwya fod fod traeth y Rhyl yn hollol wahanol i flosydd ffiaidd Ffrainc! Ac roedd trywanu bag tywod gyda bidog yn hollol wahanol i drywanu corff dyn arall – SLWTSH! Dywedodd un o'r 'milwyr' maldodaidd hyn:

Dwi wedi bod am wythnosau'n drilio ym Mae Colwyn mewn het fowler ac yn defnyddio coes brws yn lle gwn.

6. GAU Cafodd pob milwr yn y Corfflu gopi o lyfr arbennig: *Gwlad fy Nhadau, Rhodd Cymru i'w Byddin*, yn bresant bach neis i fynd gydag e i faes y gad. Byddai'n siŵr o deimlo'n well wrth ddarllen hanesion heintus, fel 'Marw Dewi Sant', 'Angladd y Baban', a 'Marw yn Nhir Estron (dieithr)'! A phwy oedd wedi trefnu'r presant pathetig yma? Neb llai na Margaret Lloyd George ('nabod yr enw enwog?').

5. GWIR Ac os oedd unrhyw filwr bach dibwys yn tynnu llun o'r brwydro neu o'r ffosydd ffiaidd, roedd yn cael ei saethu'n fawr! Mae haneswyr hirben wedi sylwi hefyd nad oes llawer o luniau o gyrff marw milwyr o Brydain ar gael (rhag ofn yr hoffech chi gael un ar wal eich llofft). Byddai lluniau o'r fath wedi torri calon pawb, er bod calonnau'r rhan fwyaf wedi'u torri'n barod ta beth.

Gobeithio bod rhywun yn tynnu llun o hwn i fi gael ei anfon adref!

6. GWIR Roedd y Cymry'n gampus am wneud hyn ar ôl gweithio dan ddaear yn y pyllau glo a'r chwareli llechi. Tir Neb oedd yr enw ar y tir rhwng y ffosydd – enw gwych achos dim ond cyff a milwyr yn ymladd oedd yno a doedden nhw'n neb, nac oedden nhw? Yr unig broblem oedd fod yr Almaenwyr yn cloddio dan ddaear hefyd i osod ffrwydron i chwythu'r gelyn yn ddarnau! Gallen nhw fod wedi cwrdd yn y canol!

Pwy sydd yna?

Halt!

Dai bach y Sowldiwr!

7. GWIR Roedd GORFODAETH fel hyn yn amhoblogaidd iawn, iawn. Nawr dechreuodd dynion itanc guddio ym mhob twll a chornel i osgoi cael eu gorfodi i fod yn filwyr dewr.

Meddwl y byddwn i'n arbed arian ac amser i chi!

A DYMA NHW YNO – YN UFFERN AR Y DDAEAR

(Ocê, ocê! Mae pawb yn gwybod bod uffern DAN y ddaear – ond roedd y ffosydd yn ddwfn iawn iawn.)

Beth am i **CHI** ail-fyw bywyd yn y ffosydd ffiaidd – bydd eich Athrawon Hanes yn dwlu ar hyn ac fe gewch farciau gwych yn y prawf nesa (wrth gwrs, fydden nhw byth yn fodlon dioddef fel hyn eu hunain).

Ond ble?

Gallech chi gael eich anfon i ymladd mewn sawl lle ar draws y byd:

 ar y ffrynt gorllewinol mewn ffosydd yn Ffrainc a Gwlad Belg. Roedd y ffosydd yma'n rhedeg o'r Swistir, am 440 milltir (bron dair gwaith hyd Cymru!), hyd at Fôr y Gogledd. Ar ôl brwydr byddai'r Almaen wedi ennill milltir neu ddwy o dir, ond yna, yn dilyn y frwydr nesa byddai Ffrainc neu Brydain wedi ennill y tir yma'n ôl. 'Nôl a mlaen, 'nôl a mlaen – doedd dim rhyfedd fod y ddwy ochr bron â drysu!

ar y ffrynt rhwng yr Eidal ac Awstria – mewn ffosydd o rew yn lle mwd

 yn ardal Macedonia ym Môr y Canoldir yn helpu Serbia yn erbyn yr Almaen, Awstria–Hwngari a Bwlgaria.

Dyma ddisgrifiad un milwr o Gymru fu'n ymladd mewn brwydr fawr yno yn 1918:

Mae'n amhosibl disgrifio dewrder y Cymry yma. Gan fod nwy yno roedd yn rhaid inni ymladd yn gwisgo peiriannau anadlu. Meddyliwch am ymladd â masg nwy poeth am eich wyneb, yn syllu trwy gogls niwlog ac yn sugno pen piben rwber yn eich ceg. A'r haul yn danbaid. Ac yn tanio at y gelyn ar yr un pryd. Ac ar un diwrnod ofnadwy collodd 7fed Bataliwn Cyffinwyr De Cymru lawer iawn o ddynion. Roedd tarth dros y wlad pan ymosododd y Cyffinwyr, ond yna, yn sydyn, cododd y tarth a cherddodd y milwyr i mewn i ffrwydrad o fwledi o ynnau peiriant y Bwlgariaid. Ar ddiwedd y dydd dim ond un swyddog ac 18 o ddynion oedd yn dal yn fyw. Gallech chi glywed y milwyr oedd wedi'u hanafu yn sgrechian-crio o ochrau'r bryniau.

 yn Galipolli, yn erbyn Twrci (gobl gobl!)

ar y môr – ar hyd a lled y byd. Boddodd 610 o filwyr pan drawodd llong danfor Almaenig yr *Aragon* yn Rhagfyr 1917. Roedd hi ar ei ffordd i'r Aifft. Brysiodd llong yr *Attack* i achub y dynion o'r môr. Tynnon nhw ddillad y llongwyr i ffwrdd am eu bod yn llawn olew a rhoi'r dynion i orwedd yn noeth ar y dec. YNA trawodd torpido long yr *Attack*. Cafodd pawb eu hyrddio i'r môr mawr. Gan fod olew dros eu cyrff doedden nhw ddim yn gallu nofio. Boddodd cannoedd yn rhagor

 mewn sawl twll bach peryglus arall, fel Palestina, yr Aifft ac Irac, ar draws y byd i gyd. Doedd un milwr o Gynwyl Elfed ddim yn hoffi dannedd danjerus camelod yr Aifft!

Dyna beth oedd Rhyfel Byd enbyd!

Cyn mynd i uffern bydd angen i chi gael yr iwnifform swyddogol, ffasiynol:

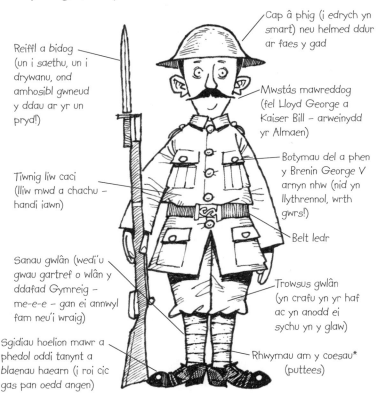

Reiffl a bidog (un i saethu, un i drywanu, ond amhosibl gwneud y ddau ar yr un pryd!)

Cap â phig (i edrych yn smart) neu helmed ddur ar faes y gad

Mwstás mawreddog (fel Lloyd George a Kaiser Bill – arweinydd yr Almaen)

Tiwnig lliw caci (lliw mwd a chachu – handi iawn)

Botymau del a phen y Brenin George V arnyn nhw (nid yn llythrennol, wrth gwrs!)

Belt ledr

Sanau gwlân (wedi'u gwau gartref o wlân y ddafad Gymreig – me-e-e – gan ei annwyl fam neu'i wraig)

Trowsus gwlân (yn crafu yn yr haf ac yn anodd ei sychu yn y glaw)

Sgidiau hoelion mawr a phedol oddi tanynt a blaenau haearn (i roi cic gas pan oedd angen)

Rhwymau am y coesau* (puttees)

* I wneud rhwymau am y coesau (*puttees*) bydd angen:
  – darn hir o wlanen 2.75 metr o hyd, 75 centimetr o led
  – tâp i'w glymu
  – amynedd sant!

Rhwymwch y darn gwlanen rownd a rownd a rownd eich coesau o'r bigwrn i'r pen-lin. Roedd y rhwymau hyn i fod yn dda am gadw dŵr, mwd ac unrhyw hen bryfyn afiach allan o'ch esgidiau. Ond roedden nhw'n anobeithiol – os oedden nhw'n rhy llac byddech chi'n baglu drostyn nhw; os oedden nhw'n rhy dynn byddai cylchrediad eich gwaed i'ch traed yn stopio (bron!). Roedd y milwyr yn eu casáu.

Dwi ddim yn meddwl mod i wedi deall y rhwymyn 'ma'n iawn!

Ar ôl martsio ar draws Ffrainc (am filltiroedd a milltiroedd – ar ochr dde'r ffordd wrth gwrs!) byddech yn cyrraedd y ffosydd ffiaidd a dechrau dilyn rwtîn boring diwrnod ar y ffrynt:

RWTîN DIWRNOD TAWEL YN Y FFOSYDD FFIAIDD

1. Tua 5 o'r gloch y bore, yn y tywyllwch dudew: '*Stand to*' – cydio yn eich arfau a sefyll ar y gris tanio rhag ofn i'r gelyn ymosod gyda'r wawr. Ond roedd y gelyn yn gwneud yn union yr un fath!

2. Gyda'r wawr: saethu sieliau a thanio'r gynnau mawr i godi arswyd ar y gelyn gwamal. A'r gelyn yn gwneud yr un fath! 'Casineb y bore' oedd yr enw neis am hwn.

Hic!

3. Pawb yn cael diod fach o rỳm (iym, iym! a Hic! – yfed ar stumog wag).

4. Y swyddogion yn archwilio'r milwyr bach cyffredin. Roedd llawer o'r swyddogion yn grachach Seisnig ac yn edrych i lawr eu trwynau ar y Cymry. Roedden nhw'n cael eu galw'n 'Taffs' (nid taffish neu losin, ond ar ôl enw afon Taf, efallai). Roedd gan y swyddogion lysenwau am bawb: 'Brummies' am ddynion Birmingham, 'Jocks' – o'r Alban a 'Micks' o Iwerddon . . .

5. Brecwast – o'r diwedd! Dim saethu, dim ymosod – a'r gelyn yn gwneud yr un fath. Sbel fach i ymlacio. Ond doedd y swyddogion ddim yn hapus. Roedden nhw'n hoffi gyrru'r dynion allan i gasglu cyrff marw o Dir Neb yn lle bwyta brecwast.

6. Gwneud tasgau diddorol y dydd – llenwi bagiau tywod, draenio'r ffosydd, glanhau'r tai bach.
Y jobyn mwya diflas a drewllyd yn y byd! Tyllau 4–6 troedfedd oedd y tai bach gorau, neu fel arall byddai'r milwyr yn piso a chachu yn y tyllau lle roedd y sieliau wedi disgyn. Ych a fi!! Weithiau bydden nhw'n yfed y dŵr yn y tyllau hyn hefyd heb sylweddoli! Ych – Ych a fi!

7. Cyfle i ysgrifennu llythyron adre, neu i wneud addurn bach del o gasyn bwled i'w anfon at eich cariad.

8. Machlud haul – '*Stand to*' arall.

9. Yn y tywyllwch - mynd allan i Dir Neb i drwsio'r weiren bigog, neu i drio clustfeinio ar beth roedd y gelyn yn ei ddweud a chlywed cyfrinachau pwysig.

BWYD BLASUS Y FFOSYDD

Dyma gyfle i chi ail-greu gwledd wych o'r dognau bwyd yr oedd milwyr yn eu cael.

Bydd angen:

- ◆ cannoedd o duniau o gorn-biff
- ◆ bisgedi sych a chaled iawn (gobeithio nad oes ganddoch chi ddannedd dodi)
- ◆ te
- ◆ hen fara llawn cynrhon
- ◆ ar ddechrau'r rhyfel efallai y byddech chi'n ddigon lwcus i gael halen a jam cyrens duon hefyd.

Iym, iym neu i-ych?

Does dim rhyfedd fod pob milwr wrth ei fodd pan fyddai parsel bwyd yn cyrraedd o adre.

Pan dwi'n bwyta bara menyn (*o ble gafodd e fenyn?*) dwi'n cau fy llygaid a meddwl am fryniau a chaeau Cymru fach.

Penderfynodd un milwr ei fod e eisiau bwyta tatws, felly tyfodd rai yn Nhir Neb. Pan oedden nhw'n barod, cyneuodd dân yn y *dug out* a thoddi margarîn (*o ble gafodd e fargarîn?*) yn ei helmed i wneud sglodion! Ond gwelodd swyddog pwysig y tân a rhuthro draw. Taflodd y milwr yr het am ei ben nes bod y saim yn rhedeg i lawr ei wyneb!

Beth sy'n bod ar dy wyneb di?

'Ngwallt i sy'n seimllyd, Syr!

A chofiwch yr un dogn dwl arall: 566 gram o dybaco!

Maen nhw'n benderfynol o'n lladd ni un ffordd neu'r llall!

OND ALLWCH CHI STUMOGI'R GWIR I GYD?

Petaech chi wedi meiddio ysgrifennu'r gwir i gyd mewn llythyr, byddai wedi dweud rhywbeth fel hyn siŵr o fod. Ond yn gyntaf byddai angen inc anweledig arnoch chi.

I wneud inc anweledig

Bydd angen:
- dŵr
- yr un faint o soda pobi ag o ddŵr (o ble gaech chi'r soda pobi? Byddai'n rhaid esgus eich bod yn mynd i goginio cacen fach neis.)
- papur gwyn
- brigyn bach

1. Cymysgwch y dŵr a'r soda pobi.
2. Ysgrifennwch eich neges ar y papur gyda'r brigyn bach a gadewch iddo sychu. Bydd yn diflannu!
3. I ddarllen y neges daliwch y papur i fyny yn erbyn golau cannwyll neu fylb trydan (wrth gwrs doedd dim llawer o fylbiau trydan yng Nghymru yn 1914–18!). Bydd yn troi'n frown a gallwch ei ddarllen.

O na! Fydda i ddim yn gallu darllen y llythyr wrth gannwyll fy llygad nawr.

~~Rhywle yng Ngwlad Belg~~ (mae'r sensor wedi bod yn brysur mae'n amlwg)

Mawrth 1916

Annwyl Mami,

Gobeithio'ch bod yn iawn ac wedi cael dillad newydd at y Pasg. Fydd hi ddim yn llawer o Basg yma yn y ffosydd ffiaidd yn anffodus. Am y rhan fwyaf o'r amser rydyn ni'n gorfod sefyllian o gwmpas yn aros, ac aros, ac aros i unrhyw beth ddigwydd ac erbyn iddo fe ddigwydd mae'n nerfau ni'n rhacs. Mae bywyd yn erchyll yma. Dwi hyd at fy mhenliniau mewn mwd gwlyb oer drwy'r amser. Mae'n debyg iawn i gae tatws yma, yn stecs ofnadwy, ond nid tatws sy'n tyfu yn y caeau yma ond coesau a phennau dynion wedi marw. Dy'n ni'n byw fel anifeiliaid mewn tyllau yn y ddaear. Ac mae'n drewi yn annioddefol yma rhwng y baw a'r llaid, y chwys, y tai bach a'r cyrff marw. Dwi ddim yn cofio pryd golches i ddiwetha.

Weithiau dy'n ni'n torri ar y diflastod trwy ganu caneuon Cymraeg. Mae llais gwych gan Dai o Aberdâr ac roedd yr Almaenwyr yn gallu'i glywed e wrthi. Dechreuon nhw guro dwylo a gweiddi encôr, a chanodd Dai 'Hen Wlad fy Nhadau' wedyn. Wel, wrth gwrs, roedd yn rhaid sefyll ar ein traed i'n hanthem genedlaethol hyd yn oed os bydden ni'n cael ein saethu!

Bydd hi WEDI canu ar hwnna os daw ei ben e dros y top eto!

Ac yna, yn sydyn mae sŵn bwledi'n saethu – 'th–thhh–phyd'. Maen nhw'n gwneud sŵn 'phyd' pan fyddan nhw'n glanio yng nghorff rhyw filwr druan. Y saethwyr cudd yw'r gwaethaf. Dim ond pipio dros dop y ffos o'r gris tanio wnaeth Johnny druan a'r funud nesa – phyd – roedd bwled wedi'i daro'n farw gorn (pŵr dabl). Gobeithio bod ei fami wedi cael llythyr i ddweud ei fod e wedi'n gadael ni.

Beth mae e'n ddweud, tybed? Dwi ddim yn deall gair o Saesneg.★

★ Doedd 20% o Gymry ddim yn deall Saesneg yn 1914, ond roedd y llythyron yn dweud fod milwyr wedi marw yn Saesneg bob gair!

43

Ac wedyn, mae'r gynnau peiriant yn dechrau – ratt-t-t-t – un bwled ar ôl y llall yn ddidrugaredd. Mae'r swyddogion yma wedi cael brênwêf a meddwl ei fod yn syniad da i nifer mawr o filwyr fentro dros y top o'r ffosydd ar yr un pryd a thrio rhuthro ar y gynnau peiriant. Syniad da? Mae angen clymu eu pennau nhw! Mae'r gynnau peiriant yn lladd rhes ar ôl rhes. Ac os ydych chi'n ddigon ffodus i ddianc rhag y gynnau, yna fe gewch eich dal gan y weiren bigog sydd ar hyd Tir Neb. Dwi wedi gweld milwyr wedi'u hanafu yn hongian yn sownd mewn weiren o'r fath ac yn cael eu gadael i farw yno.

Help, der i'n helpu i'r cythrel.

Oes raid i ti fod mor bigog?

Ond y peth gwaetha i gyd yw'r sieliau enfawr – Whisss-bang – yn ffrwydro dynion yn ddarnau mân. Chwythodd siel fy ffrind gorau i ebargofiant a glynodd ei groen ai gnawd e ata i fel clai coch am sawl diwrnod (esgusodwch fi, dwi'n teimlo fel cyfogi – y-y-y-ygg, wrth gofio am y peth).
Ac alla i ddim sôn am y creaduriaid cythreulig sy'n rhannu'r ffosydd gyda ni, na'r peryglon peryglus eraill sy'n lladd ac anafu, rhag ofn i'r sensor wrthod anfon y llythyr yma.

Ond does dim pwynt cwyno. Ac mae'n rhaid cyfaddef mod i'n edrych ymlaen yn fawr at gael taro'n ôl a lladd pob gelyn gwaedlyd. Ratt-tt-t, whisss-bang a phyd!!

Cofion gwlyb a drewllyd oddi wrth eich mab mileinig, marwaidd,

Madog

Wel, os na allai Madog sôn amdanyn nhw, fe allwn ni:

CREADURIAID CYTHREULIG Y FFOSYDD

Beth oedden nhw? Dyfalwch chi:

(1)   Os câi'r milwyr y rhain yn eu gwalltiau
    Yn sugno gwaed a glynu i'w pennau,
    Bydden nhw'n mynd yn ddwlali,
    Ac yn teimlo'n reit giami,
    Wrth grafu a chrafu am oriau!

(2)   Maen nhw'n edrych yn hyll ac yn heintus,
    Maen nhw'n cloddio trwy glwyfau peryglus,
    Ond peidiwch â'u diawlio
    Achos, credwch neu beidio,
    Maen nhw'n gwella cnawd pwdwr yn gampus!

(3)   Maen nhw'n cnoi a chnoi yn ddiddiwedd,
Ac yn drewi yn sur fel llysnafedd,
Er mwyn eu gwaredu
Byddai'r milwyr 'n eu llosgi
Neu eu gwasgu a'u lladd rhwng eu bysedd.

(4)   Roedd y rhain yn bla llawn diflastod,
Yn frown, a'r un faint â chathod,
Wedi pesgi yn anferth
Ar gyrff diymadferth,
Ac yn llenwi y ffosydd â'u drewdod.

Wedi dyfalu'n gywir?

ATEBION

(1) **LLAU PEN** – Ac mae'r rhain yn dal yn bla i blant ysgol heddiw. Ond doedd gan y milwyr druain ddim crib llau na siampŵ arbennig i'w lladd.

Dim gobaith, cer i grafu!

Ddala i di!

46

(2) CYNRHON – Os bydded chi'n bwyta wyau cynrhon (mewn camgymeriad wrth gwrs!) gallen nhw dreiddio drwy'ch corff chi a bwyta eich organau mewnol i gyd (ac mae afu / iau yn arbennig o flasus). Ond yn ystod y Rhyfel Byd Cyntaf dechreuodd doctoriaid sylwi bod clwyfau yn llawn cynrhon yn gwella'n gynt na chlwyfau glân. A heddiw maen nhw'n cael eu magu mewn laboradai i'w defnyddio mewn ysbytai.
(Cynrhon clytar iawn felly!)

(3) LLAU CORFF – Os nad oedd milwr wedi ymolchi am dros chwe wythnos, byddai ei ddillad yn llawn llau yn crafu a chosi. Byddai'r milwyr yn ceisio cael gwared arnyn nhw, ond oedd dim byd yn gweithio ond cael bath twym iawn a llosgi eu dillad.

Roedden nhw'n llechu yn fy nhrons i. Felly bues i 'n eu llosgi nhw gyda channwyll nes eu bod nhw'n tasgu allan fel cracyrs o Tsieina! Ar ôl i mi orffen roedd smotiau o waed coch dros fy wyneb i! Bydda i 'n lladd y gweddill! trwy eu gwasgu rhwng bys a bawd nes eu bod yn clecian dros y lle!

(4) LLYGOD MAWR FFYRNIG, mor fawr â chathod gan eu bod yn bwyta cyrff marw allan yn Nhir Neb – gan ddechrau gyda'r llygaid. Byddai'r milwyr yn eu curo ag unrhyw offer oedd wrth law – rhaw, caib, brws ... BANG!, neu'n eu trywanu â bidogau ... SLWTSH! Ond y ffordd fwya difyr oedd dal eu cynffonnau hir a'u troi rownd a rownd dros eich pen, cyn eu hyrddio yn erbyn wal galed – a'u lladd

Ha ha – mae hyn yn ffair y Barri!
fel bod ar chwyrligwgan

SBLAT!

47

GWAEDD Y BECHGYN ... YN YR YSBYTAI

I gael darlun llawn o beryglon brawychus y ffosydd ffiaidd rhaid i chi ymweld ag ysbyty i filwyr wedi'u hanafu. Felly daliwch eich trwyn, cymerwch anadl fawr iawn, cariwch hances boced yn handi, ac i mewn â chi.

WARD 1

Llond stafell o filwyr heb fraich neu droed neu goes neu ... Wedi cael dolur traed y ffosydd mae sawl un. Gan fod y ffosydd mor wlyb ac esgidiau'r milwyr mor wael, byddai eu traed yn chwyddo ddwywaith eu maint arferol ac yn mynd yn hollol ddideimlad. Mae un milwr yn disgrifio sut y gallai roi bidog drwy'i droed a theimlo dim poen. Roedd y cnawd wedi pydru'n llwyr.

Triniaeth:

(i) Ar ôl 1915 roedd pob milwr yn cael tri phâr o sanau i'w gwisgo yn y ffosydd (diolch yn dalpe!).

(ii) Rhoi olew morfil arnyn nhw (drewdod arall). Roedd y milwyr ar y ffrynt yn defnyddio deg galwyn o olew morfil y dydd.

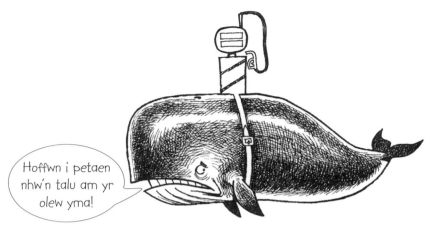

Hoffwn i petaen nhw'n talu am yr olew yma!

Dim byd yn gweithio?
Dim dewis felly ond torri'r droed i ffwrdd. O leia fyddai dim rhaid i chi ymladd rhagor yn y ffosydd.

WARD 2

Cleifion wedi anadlu nwyon peryglus sydd yn y gwelyau yma. Cafodd tua 90,000 eu lladd gan nwyon – y rhan fwya ohonyn nhw'n Rwsiaid, ac roedd pob milwr yn ofnus iawn, iawn o ymosodiadau nwy.

Roedd nwy dagrau'n gwneud i'r milwyr grio a thisian. Roedd yn boenus iawn ac yn gallu eu gwneud yn ddall. Ac roedd nwy mwstard yn dallu a llosgi'r llygaid ac yn creu pothelli mawr ar y croen a thu mewn i'r corff.

Triniaeth:
Cyn bod mygydau nwy, gallech chi socian hosan yn eich piso a'i dal dan eich trwyn. Wrth gwrs roedd hi'n amhosibl saethu ac ymladd wedyn, a gallech chi ddal dolur traed y ffosydd heb yr hosan!

49

Rhwng chwys a phiso mae hon yn afiach! Ych a fi!

Os caech eich taro gan nwy – defnyddio finegr o bot picls ar y llygaid.

Ond cyn bo hir roedd mygydau nwy (hen bethau rwber drewllyd a hyll iawn) gan y milwyr, y cŵn a'r ceffylau (ond nid y llygod) yn y ffosydd.

Pam na wnaethon nhw fygydau nwy i'n ffitio ni hefyd?

WARD 3

Mae golwg ddychrynllyd ar gleifion y ward yma achos maen nhw'n dioddef o sioc. Byddai sieliau enfawr yn ffrwydro'n sydyn ac yn rhoi sioc syfrdanol i'r milwyr druan. A byddai gweld yr holl gyrff meirw allan heb eu claddu ar Dir Neb yn rhoi sioc ddychrynllyd i sawl un arall. Bydden nhw'n gweld wynebau'r cyrff yn troi o wyn i felynllwyd, i goch, i biws, i ddu, a'u stumogau'n chwyddo ac yn rhwygo ar agor.

Byddai'r cleifion clwc hyn yn cael hunllefau ac yn methu cysgu na bwyta. Byddai eraill yn crynu'n llawn hysteria ac yn methu rheoli symudiadau eu cyrff.

Triniaeth:
(i) Dweud wrthyn nhw am ymddwyn fel dynion a dod at eu coed.

(ii) Rhoi sioc arall fwy a mwy sydyn fyth i'r claf druan.

(iii) Sioc drydan, hypnosis, tylino, gorffwys, trafod, therapi . . . dyna welliant!

Byddai rhai'n gwella ac eraill yn dioddef am weddill eu hoes.

WARD 4

Does fawr neb yn hon achos ward ar gyfer dynion sydd wedi ceisio dianc o'r fyddin trwy eu saethu eu hunain − yn eu traed, eu coesau, eu breichiau − yw hon. Ond ydych chi'n eu beio nhw?

A phetaech chi wedi ymweld ag ysbytai milwrol yn Ffrainc, yr Almaen neu unrhyw le arall yn y byd, byddech chi wedi gweld yr un arswyd anobeithiol a'r un dioddef dychrynllyd.

NADOLIG LLAWEN 1914

Dyma stori wir, credwch neu beidio, i godi'ch
calonnau clwyfedig yng nghanol hanesion atgas y
Rhyfel Byd Cyntaf enbyd. Roedd Cymry fel
R. Morris o'r Fflint ac E. R. Bowden o Fangor YNO!

Nadolig Llawen − *Frohe Weihnachten* bawb!

AWR FAWR Y CYMRY?

RHAID ENNILL Y COED - BRWYDR COED MAMETZ

Dydy haneswyr haerllug ddim yn gallu cytuno: Oedd y Cymry fu'n ymladd ym mrwydr Coed Mametz wedi ymddwyn yn ddewr? Neu oedd y cyfan yn llanast llwyr?

TREFN NEU ANHREFN?

Dyna'r cwestiwn. Penderfynwch CHI!

A dyma'r **Ffeithiau Ffantastig** i'ch helpu i weld y coed drwy'r prennau:

 Rhan o frwydr erchyll y Somme oedd brwydr Coed Mametz. Yn y Somme cafodd bron i 20,000 eu lladd ar y diwrnod cynta – 1 Gorffennaf 1916, ac erbyn i'r frwydr ddod i ben ym mis Tachwedd roedd tua 1,262,000 wedi'u lladd neu eu hanafu ar y ddwy ochr.

 Digwyddodd Brwydr Coed Mametz ar 7–12 Gorffennaf a'r nod oedd cipio'r goedwig fwya ar lan afon Somme.

38fed Adran y Fyddin Gymreig gafodd y dasg o gipio'r coed, ac roedd adrannau Cymreig eraill o'r fyddin yno hefyd.

Pwyntiau Pigog yn rhoi'r bai ar y Cadfridogion trychinebus (y Bosys) am greu llanast llwyr:

 Roedd y Cadfridogion ryw chwe milltir o'r ffrynt! A doedden nhw ddim yn gallu darllen map, medden nhw!

 Penderfynon nhw orchymyn i'r milwyr symud ymlaen yn rhesi ar draws tir agored heb unrhyw gysgod o gwbl – a lle gallai tanwyr gynnau peiriant yr Almaenwyr eu gweld yn glir – o'u blaenau ac o'r ochr (tactegau twp iawn).

Roedd sieliau Prydain yn cael eu tanio o'r tu ôl i'r llinell flaen ac yn glanio ar eu milwyr eu hunain!

Oherwydd llanast y diwrnod cynta cafodd Is-gadfridog y 38fed Adran, Ivor Philipps o sir Benfro, ei anfon adre a'i gynffon rhwng ei goesau. Ond doedd y rhai ddaeth yn ei le fawr gwell chwaith.

Pwyntiau Pigog yn rhoi'r bai ar y milwyr o Gymry am greu llanast llwyr:

Yn ôl y bardd Saesneg syfrdanol Siegfried Sassoon (Almaenwr neu Sais?), roedd y Cymry yn ddynion bach iawn ac yn ymddwyn fel 'criw o blant bach'. (Oes angen dynion mawr i frwydro trwy goedwig 'te?)

Roedd llawer o'r milwyr wedi digalonni gyda'r rhyfel. (Syndod a sioc ar ôl bron i ddwy flynedd galed?)

 Doedd llawer o filwyr y 38fed Adran ddim wedi cael digon o hyfforddiant milwrol cyn cael eu hanfon i Ffrainc. (Bai pwy, tybed?)

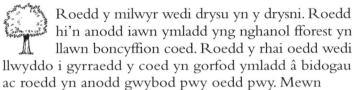 Roedd y milwyr wedi drysu yn y drysni. Roedd hi'n anodd iawn ymladd yng nghanol fforest yn llawn boncyffion coed. Roedd y rhai oedd wedi llwyddo i gyrraedd y coed yn gorfod ymladd â bidogau ac roedd yn anodd gwybod pwy oedd pwy. Mewn panig cafodd rhai Cymry eu lladd gan eu dynion eu hunain. 'Tanio cyfeillgar' oedd yr enw erchyll am hyn!

Ond dyma rai **Ffeithiau Ffrwydrol** eraill i orffen:

Pwy enillodd y frwydr? Byddin Prydain wrth gwrs – diolch i ymdrech y Cymry. Erbyn 12 Gorffennaf roedden nhw wedi cipio'r Coed.

Roedd bron i 4,000 o 38fed Adran y Fyddin Gymreig wedi aberthu eu bywydau yn y frwydr front. Yn eu plith roedd tri phâr o frodyr. Roedd Tom a Henry Hartwidge o Ferndale yn ymladd ochr yn ochr. Cafodd Tom ei saethu yn ei ben ac aeth Henry i'w helpu a chael ei saethu hefyd. Roedd gan Tom wraig a thri o blant, a Henry wraig ac un plentyn (ie, trist iawn).

A heddiw mae cerflun mawr o ddraig goch grand o haearn ym Mametz i gofio am y Cymry yn cipio'r Coed.

Rwy'n sefyll yn stond yng nghanol cae o babis*
I ddangos i'r BYD
nad oedd y Cymry yn fabis.

* Mae pawb yn gwybod mai'r pabi coch yw symbol sobreiddiol y Rhyfel Byd Cyntaf a'u bod yn cael eu gwerthu cyn Sul y Cofio ym mis Tachwedd i godi arian i helpu milwyr sydd wedi'u hanafu mewn rhyfeloedd.

A gallwn ni gofio am Goed Mametz trwy ganu'r gân fach atgas hon:

Milwyr bach yn mynd i'r coed,
Sgidie newydd am bob troed (tybed?),
Milwyr bach ddim yn dŵad adre,
Wedi'u lladd gan y tanwyr gynne.

PORTREAD PARCHUS O ARWR ARSWYDOL

Dylai pob plentyn ysgol yng Nghymru (ac yn y BYD I GYD) wybod hanes heintus yr arwr arswydol Hedd Wyn, neu dyna farn eich athrawon Hanes, mae'n siŵr. Maen nhw wrth eu bodd yn stwffio'r stori sentimental yma i lawr eich corn gwddf bob cyfle gân' nhw. Ac i'w helpu nhw − dyma hi eto. Nawr llyncwch hi'n gyfan a byddwch yn Gymro neu Gymraes fach well o lawer.

Enw: Ellis Humphrey Evans (Hedd Wyn i'w ffrindiau − ond enw anffodus o gofio'i hanes atgas!)

Cartref: Yr Ysgwrn, Trawsfynydd, sir Feirionnydd (yn bell, bell o gaeau Fflandrys)

Gwaith: bugail (ond roedd e'n breuddwydio wrth ei waith a'r defaid yn crwydro)

Hanes: Yn 1916 − ei frawd, Robert, oedd newydd briodi, yn cael ei orfodi i ymuno â'r fyddin, ond Ellis yn cynnig mynd yn ei le (arwr arswydol, yntê?). Ei anfon ym Mehefin 1917 i ymuno â'r Ffiwsilwyr Cymreig yn Ffrainc ac ar 15 Gorffennaf roedd ar fin ymladd ym mrwydr fawr Passchendaele yn Fflandrys. Doedd e erioed wedi gweld 'gwlad mor hardd', medde fe (ond cofiwch ei fod e'n fardd hardd).

Hobïau:

(i) Rhedeg ar ôl merched (pam lai?)

(ii) Cyfansoddi barddoniaeth ac ennill mewn eisteddfodau (cŵl iawn yn 1917). Dod yn ail am y gadair yn Eisteddfod Genedlaethol Aberystwyth yn 1916. Pan oedd e gartref ar y fferm yn 1917 penderfynu cystadlu yn Eisteddfod Genedlaethol Penbedw ar y testun 'Yr Arwr'. Gorffen y gerdd ond dim cael cyfle i'w phostio (meddyliwch! – gallai'r stori hon fod yn hollol wahanol). Felly, ei hailysgrifennu ar y ffordd i Ffrainc a'i phostio ar 15 Gorffennaf.

Falla bydda coloman yn gynt!

Y diwedd: 31 Gorffennaf, 3.50 y bore, bataliwn Hedd Wyn yn ceisio cipio Cefn Pilkhem yng nghanol glaw mawr, a maes y gad yn fôr o fwd. 5.00 o'r gloch y bore, Hedd Wyn yn cael ei daro gan siel; gorwedd yno am oriau nes i'r criw meddygol ddod i'w gario i'r ysbyty.

Hedd Wyn yn marw am 11.00 y bore. Gofynnodd e gwestiwn anodd i'r doctor druan, a dyma ei eiriau olaf.

Dim ond am ddwy awr y bu Hedd Wyn ar faes y gad o gwbl! 'Na bechod!

OND: Y stori fawr (fel mae pawb yn gwybod) yw fod cerdd gampus Hedd Wyn, dan y ffugenw Ffrengig Fleur de Lis, wedi ENNILL cadair Eisteddfod Genedlaethol Penbedw (ond fyddai ganddo fe ddim llawer o ddefnydd iddi nawr, wrth gwrs). Galwodd Dyfed, yr Archdderwydd ardderchog, y ffugenw allan, canodd y Corn Gwlad, ond doedd dim bardd yn y pafiliwn. Eglurodd Dyfed yr hanes hunllefus a chafodd lliain du ei daflu dros y gadair. Dechreuodd pawb yn y pafiliwn grio fel y glaw yn Fflandrys bell.

Bydd y Cymry'n cofio'r stori sobreiddiol hon am byth.

(Digon gwir — mae'n dal i boeni plant ysgol heddiw.)

Er cof:

- mae cerflun iddo fe (fel bugail, nid milwr) yn Nhrawsfynydd;
- gallwch weld y Gadair Ddu yn yr Ysgwrn;
- canodd bardd enwog arall gerddi gwych i gofio amdano (dysgwch nhw ar eich cof os ydych chi eisiau gwneud i'ch athrawon Cymraeg grio mewn pleser. Dyma ddechrau arni 'Y bardd trwm dan bridd tramor ...');
- AC yn 1992 cafodd ffilm ffantastig amdano ei henwebu am OSCAR. Yn anffodus wnaeth hi ddim ennill!

IE — HEDD WYN oedd arwr arswydol Cymru yn y Rhyfel Byd Cyntaf enbydus.

10/10 i'r arwr yma!

TROSEDD A CHOSB YN Y RHYFEL BYD CYNTAF ENBYD

Eisiau cael eich saethu gan eich ochr eich hun? Roedd hynny'n ddigon hawdd yn y Rhyfel Byd Cyntaf achos roedd cymaint o reolau rhyfeddol gan y fyddin.

Os oedd milwr bach yn torri'r rheolau gallai gael ei alw o flaen Tribiwnlys Milwrol – llawer o hen, hen ddynion blin a di-galon (wel, doedd dim calon gan sawl un ohonyn nhw, oedd e?), yn eistedd wrth fwrdd mawr ac yn penderfynu sut i gosbi'r troseddwr trasig yn greulon.

Gallwch CHI fod yn Gadeirydd pwysig y Tribiwnlys Milwrol hwn i benderfynu pa gosb sy'n mynd gyda'r troseddau trasig hyn. Cofiwch – DIM TRUGAREDD!

TABL Y TROSEDDAU TRASIG A'R COSBAU CREULON

TROSEDDAU TRASIG	COSBAU CREULON
1. Saethu colomen oedd yn hedfan adre*	1. Saethu'n farw
2. Saethu milwr o'r un ochr pan oedd wedi meddwi	2. Dirwy o £100 neu garchar am 6 mis
3. Sbïo ar ran y gelyn	3. Saethu'n farw
4. Cysgu ar ddyletswydd yn y ffosydd	4. Cael eich anfon yn syth i'r ffrynt i ymladd
5. Tynnu llun o'r ffosydd	5. Saethu'n farw
6. Yn hwyr yn cyrraedd yn ôl o ymweliad gartref	6. Saethu'n farw

* Roedd colomennod a chŵn yn ffrindiau ffantastig i'r milwyr – y cŵn yn cario negeseuon yn gyflym o'r ffosydd at y cadfridogion pwysig ymhell o'r ffrynt ei hun.

Dim llawer o ddewis oedd e? Saethu amdani
(a gwastraffu bwledi) – am bob trosedd, fawr neu fach.

A'r colomennod clyfar iawn. Cafodd 100,000 ohonyn
nhw eu defnyddio i gario newyddion o'r ffrynt yn
Ffrainc ar draws y sianel yn ôl i Brydain. Roedden
nhw'n wych am osgoi bwledi'r gelyn a llwyddodd 95%
ohonyn nhw i gyrraedd pen eu taith yn ddiogel.

SNEB YN BECSO DAM

Roedd rhai milwyr eraill yn cael eu saethu'n farw gan eu milwyr eu hunain – am redeg i ffwrdd o'r brwydro. Allwch chi'u beio nhw? Cafodd 306 eu saethu am hyn yn ystod y Rhyfel – o leia 13 ohonyn nhw'n Gymry.

Dyma sut y byddai papur newydd wedi adrodd hanes hyll iawn o'r fath:

CLOCH CAERDYDD   6 Ionawr 1917   6c.

GWARTH Y GAD!
SAETHU GYDA'R WAWR!

Rhestr enwau milwyr marw tt. 5–20
Enillwyr betio ar y colomennod t. 3

Am hanner awr wedi saith y bore ar 5ed Ionawr, cafodd y troseddwr trychinebus Edwin Dyett, o Albany Road, Caerdydd, ei saethu'n farw gorn ar fuarth fferm yn Ffrainc. Roedd wedi gwrthod dilyn gorchymyn swyddog arall i fynd i ymladd yn y llinell flaen ym Mrwydr y Somme.

67

Gofynnwyd i'r Cadfridog Gough am gefndir y stori syfrdanol:

'Wel, dydw i ddim yn meddwl bod Dyett yn ffit i fod yn Is-gapten ym myddin Prydain Fawr yn y lle cyntaf. Dynion fel fe sy'n dod ag enw drwg i'r fyddin. Roedd e wedi ymddwyn yn warthus.'

Eglurodd Gough beth oedd wedi digwydd:

'Ar Dachwedd 3ydd pan oedd Dyett wedi colli ei uned ei hun rywle ar y Somme, gorchmynnodd Is-gapten arall iddo fe arwain criw o ddynion yn ôl i'r llinell flaen. Ond roedd Dyett yn rhy bwysig i wrando ar ryw Is-gapten bach arall, dibwys a gwrthododd e wneud hynny. Yn lle hynny aeth 'nôl i'r pencadlys. OND ar y ffordd 'nôl aeth "ar goll" (handi iawn), medde fe, mewn niwl trwchus ac fe fu "ar goll" am ddau ddiwrnod cyfan.

Does gen i ddim syniad i ba gyfeiriad mae'r frwydr.

Ar ôl y frwydr cafodd ei riportio gan yr Is-gapten, a'i alw o flaen Llys Milwrol yn Ffrainc. Saethu'n farw gyda'r wawr, fel llwfrgi a chachgi, oedd y ddedfryd – ac eitha peth oedd hynny. Bydd hyn yn rhybudd i bob llwfrgi arall! Fe ddaliwn ni nhw ac fe gân' nhw'u cosbi.'

Yn anffodus allwn ni ddim gofyn i Dyett gadarnhau'r stori achos mae e wedi marw. Ond un person oedd gyda fe yn ei oriau olaf oedd y Caplan Hugh Hughes. 'Dyw'n job i, yn edrych ar ôl dynion sy'n mynd i gael eu saethu neu sy'n marw, ddim yn hawdd o gwbl. Yn aml dwi ddim yn meddwl bod y bechgyn yma yn cael chware teg. Doedd Dyett ddim wedi cael gweld doctor yn ystod yr achos llys a falle ei fod e dan straen ofnadwy, druan bach. A doedd neb wedi trio'i amddiffyn e yn y llys. Chafodd e ddim cyfle i apelio yn erbyn y ddedfryd chwaith. Na, dydw i ddim yn teimlo bod Edwin Dyett wedi cael ei drin yn deg.'

Yn y bore, cyn y saethu, y Caplan oedd gyda Dyett, 'Fi oedd yn gorfod ei arwain allan i gael ei saethu gyda'r wawr, a rhoi'r mwgwd dros ei lygaid e. Fi oedd yn gorfod rhoi pabi gwyn ar ei frest fel bod y saethwyr yn gallu anelu'n syth at ei galon,' ychwanegodd Hughes.

Dynion uned Dyett ei hun oedd y sgwad saethu. Dywedodd un wrthym ei fod yn crynu ac yn methu anelu'n syth. Roedd gan un milwr yn y sgwad fwled ffug yn ei wn ac roedd pob un ohonyn nhw'n gobeithio mai ganddo fe roedd honno.

Dwi'n credu mod i'n teimlo'n fwy sâl nag e! BANG!

Doedd gan Mr Dyett, tad y troseddwr trychinebus, ddim llawer i'w ddweud pan alwon ni draw yn Stryd Albany. 'Dim ond 21 oed oedd e, druan bach. O'ch chi'n gwybod ei fod e wedi ysgrifennu adre at ei fami, noson cyn y saethu, i ymddiheuro am ddod ag enw gwael i'r teulu? Nag o'ch, mae'n siŵr. Wel, dwi wedi cael llond bol ar Brydain. Dwi wedi rhwygo fy mhasbort a dwi'n mynd i fyw i America.' A chaeodd y drws yn glep ar ein gohebydd gweithgar!

Wel, mae *Cloch Caerdydd* yn gofyn – Ydyn ni eisiau tadau cachgwn yn byw yng Nghymru? Ydyn ni'n falch fod llwfrgi wedi'i saethu? Oes unrhyw un yn becso dam?

CONSHIS CYDWYBODOL

Roedd rhai dynion yn gwrthod cymryd rhan yn y rhyfela o gwbl:

- am eu bod yn Gristnogion ac yn erbyn lladd dynion eraill (da iawn);
- am eu bod yn credu mai'r bobl gyfoethog oedd wedi dechrau'r rhyfel ac mai'r gweithwyr cyffredin ar draws y byd oedd yn gorfod ymladd a dioddef er mwyn iddyn nhw gael mwy o arian a phŵer.

Roedd y gwrthwynebwyr cydwybodol hyn (conshis i bawb ond athrawon Cymraeg posh) yn cael eu galw o flaen Tribiwnlys Milwrol i egluro'u rhesymau dros beidio ymladd.

Dyma achos Joshua Davies o Lanbedr Pont Steffan:

Cadeirydd y Tribiwnlys: Ydych chi'n defnyddio gwn?
Joshua Davies: Ydw, i ddychryn brain.

Cadeirydd: Ydych chi'n lladd cwningod?
JD: Ydw.

Cadeirydd: Pam nad y'ch chi'n barod i ladd Almaenwyr 'te?
JD: Dwi'n bwyta cwningod ond dwi ddim yn bwyta Almaenwyr!

Cadeirydd: Am ateb mor haerllug – carchar i chi am ddwy flynedd.
JD: Waw! Diolch yn fawr, Syr.

Roedd ambell Gadeirydd yn rhyw hanner (neu chwarter) cydymdeimlo â'r conshis cydwybodol hyn.

George M. Ll. Davies, ry'ch chi'n llawer gwell person na fi. Yn wir, ry'ch chi'n angel. Ond dwi'n eich anfon i'r carchar am naw mis.

Cafodd Ithel Davies o Fallwyd amser caled iawn yn y carchar am ei fod yn gwrthod gwneud unrhyw beth o gwbl i helpu'r ymdrech ryfel:

• trawodd swyddog y carchar e ar ei drwyn â rhaw nes bod gwaed dros bob man, a'i dorri (y trwyn, nid y rhaw!)
• cafodd ei rwymo'n dynn mewn siaced gaeth, a doedd e ddim yn gallu plygu na symud o gwbl am chwe awr.

Dyna ddysgu gwers i ti am fod mor benstiff.

CARCHARORION DROS Y BYD I GYD

Treuliodd miloedd ar filoedd o ddynion y Rhyfel Byd Cyntaf yn y carchar. Carcharorion o Brydain yn yr Almaen, Twrci, yr Eidal . . . ac Almaenwyr mewn carchardai ym Mhrydain, Ffrainc . . .

Efallai ei bod yn fwy diogel yn y carchar nag ar faes y gad. Dyma ddau hanesyn helbulus.

1. YOZGAD, TWRCI

Cip cyfrwys ar ddyddiadur Elias Henry Jones o Aberystwyth:

1915
Wedi cyrraedd y carchar o'r diwedd ar ôl cerdded 700 milltir o Kut-el-Amara i Yozgad (pam na wnaiff y Twrciaid gael enwau syml fel Pontrhydfendigaid ar eu trefi?). Fe fu un o bob saith farw ar y daith. Does dim gobaith DIANC oddi yma – anialwch di-ben-draw a mynyddoedd mawreddog o'n cwmpas ym mhob man.

Mai 1916
Maen nhw wedi trio popeth i wneud y carchar 'ma'n lle bach neis. Heddi bues i mewn gwers Ffrangeg (rhag ofn i fi lanio yn y carchar yn Ffrainc) a fory mae gen i wers Mathemateg (handi iawn i gyfrif sawl gronyn o reis fydd i swper!). Dwi wedi cael gwersi coginio (nadredd) a nawr maen nhw eisie i fi ymuno â'r gerddorfa – i ganu'r beipen! Mae'n waeth na bod yn yr ysgol. A DWI EISIE DIANC!

Rhagfyr 1916
Dwi, a dyn o Awstralia o'r enw Hill, wedi meddwl am gynllun gwych i DDIANC oddi yma. Dy'n ni wedi darbwyllo'r carcharorion eraill, a staff y carchar, ein bod ni'n gallu siarad gydag ysbrydion,

a bod yr ysbrydion wedi dweud wrthon ni fod trysor enfawr wedi'i gladdu ar lan Môr y Canoldir. Ry'n ni'n gobeithio y byddan nhw eisiau'r trysor gymaint fel y byddan nhw'n mynd â ni i lan y môr. Ac wedyn gallwn ni DDIANC! Yn rhyfedd iawn mae'r 'ysbryd' yn siarad gyda fi yn Gymraeg!

Is there anyone there, Jones? Is there anyone there?

Yes, and I can hear it saying, "Ifan bach a minne yn mynd i ddŵr y môr ..." The treasure is definitely on the seashore ...

Hydref 1917

Wedi penderfynu trio tric arall. Mae Hill a fi'n mynd i esgus ein bod ni'n wallgo ac wedyn cawn ein symud i ysbyty a gallwn ni DDIANC. Ga-a-a . . . ga-a-a.

Dechrau Hydref 1918

Angen gwneud rhywbeth mwy dramatig i brofi'n bod ni'n wallgof. Mae Hill yn esgus ei fod e wedi dwlu ar y Beibl! (Mae digon o bobl debyg yng Nghymru.) A dwi'n mynd i esgus crogi'n hunan. Y-y-y-y. Gobeithio na fydda i'n llwyddo! Y-y-y.

Brysia, boio. Paid â hongian o gwmpas!

Diwedd Hydref 1918

Yn ysbyty Istanbul! Bu bron i mi lwyddo i ladd fy hunan a difetha popeth! Ond dy'n ni WEDI DIANC. HWRÊ!

1 Tachwedd 1918

Gartre o'r diwedd! Roedd hi'n werth yr ymdrech.

11 Tachwedd 1918

Mae'r rhyfel ar ben a'r holl garcharorion eraill ar eu ffordd adre hefyd! Dwi'n gyted!

Ar ôl y Rhyfel ysgrifennodd Elias H. Jones lyfr am y stori smala hon a gwerthodd filoedd o gopïau ohono (dim syndod o gwbl!).

2. DIHANGFA DDONIOL DYFFRYN ALED

Roedd Plas Dyffyn Aled yn Llansannan yn garchar i swyddogion byddin yr Almaen ddechrau'r Rhyfel Mawr. Ond penderfynodd tri ohonyn nhw, Herman, Heinig a Wolff-Dietrich, DDIANC. Dyma Herman yn disgrifio beth ddigwyddodd nesa:

Ro'n ni wedi trefnu bod llong danfor o'r Almaen yn dod i'n casglu ni oddi ar draeth Llandudno gyda'r nos rhwng 14 Awst a 16 Awst. Llwyddon ni i DDIANC o'r Plas a cherdded i Landudno. Gyda'r nos aethon ni i lawr at y traeth. Ond doedd dim golwg o'r llong – na'r ddwy noson wedyn. Mae'n debyg ein bod ni ar y traeth anghywir! Erbyn y trydydd diwrnod ro'n ni wedi cael llond bol (o aros, nid o fwyd!) ac es i i brynu sigaréts. Camgymeriad mawr! Sylwodd y siopwr fod gen i acen ryfedd. Galwodd yr heddlu a chyn nos roedd y tri ohonon ni'n garcharorion unwaith eto! Ich idiot!

'NÔL YNG NGHYMRU FACH YN YSTOD Y RHYFEL BYD CYNTAF ENBYD

Rhyfel y milwyr oedd y Rhyfel Mawr. Ond beth am y bobl gartref? Beth fuon nhw'n ei wneud am bedair blynedd? (Edrych ar y teledu? Joio mas draw? Beth y'ch chi'n feddwl?)

Bydd llawer mwy i'w ddweud am y ffrynt gartref wrth adrodd hanes atgas yr Ail Ryfel Byd enbyd. Ond mae'n rhaid sôn am y menywod a'r glowyr yma hefyd.

Menywod Mentrus y Rhyfel Mawr

Cafodd sawl menyw gyfle i fentro i fyd newydd yn ystod y Rhyfel Byd Cyntaf enbyd.

Eisiau ymuno â'r Fyddin Dir?

Rhaid i ti fwynhau:

 gweithio oriau hir – tua 48 awr yr wythnos

 gweithio allan ym mhob tywydd – eira, glaw, stormydd, mellt, taranau . . .

 gwaith caled – godro gwartheg gwyllt, carthu tail / dom drewllyd, codi tatws, gosod trapiau i ddal tyrchod daear, cwningod a llygod mawr ffyrnig, torri ysgall heb fenig (A-aw) . . .

cael tâl pitw bach – dim ond swllt yr wythnos (5 ceiniog heddiw) a bwyd a llety roedd y ffermwyr cybyddlyd yn ei dalu

 mynd i wersyll hyfforddi – aeth rhai i Sain Ffagan (cyn bod amgueddfa yno), i ddysgu beth oedd fferm, beth oedd buwch, beth oedd mochyn . . .

Wel, jiw jiw, o fanna mae llaeth yn dod!

 gwrando ar ffermwyr ffysi yn cwyno am dy waith ac yn dweud nad yw menywod yn ffit i fod ar fferm. (Esgusodwch fi, Syr. Ond beth am eich gwraig a'ch merched chi? Maen nhw wedi bod wrthi am flynyddoedd!)

 gwisgo iwnifform hyll oedd yn cosi a chosi . . . (sgrech!)

Os felly, dyma'r gwaith gwarthus i ti!

Eisiau gweithio mewn ffatri ffrwydron neu ffatri gwneud sieliau?

Rhaid i ti fwynhau:

 cwmni lot o bobl. Yn Ffatri Ffrwydron Pen-bre roedd 8,000 allan o'r 11,000 o weithwyr yn fenywod

 paratoi defnyddiau i ladd milwyr y gelyn. Roedd rhai merched yn ysgrifennu eu henwau ar y sieliau ac yn rhoi sws iddyn nhw cyn eu pacio, medden nhw, i ddod â lwc – ond nid i'r milwyr y bydden nhw'n glanio arnyn nhw!

Ta-ta, siel bach – gwna dy orau dros dy wlad!

 cael plismones yn archwilio dy ddillad bob bore am sigaréts a matsys

Na, 'sdim sigaréts gen i, wir nawr!

cael digon o arian i brynu colur, sanau sidan a chôt ffwr (WAW!)

 cael hanner tâl y dynion am wneud yr un gwaith yn union (STREIC!)

 cael croen a gwallt melyn fel caneri o bowdwr y ffrwydron. Bu 100 farw o'r clwyf melyn yma yn 1916–18.

Rwy'n canu fel cana'r caneri.

Edrych yn felyn fel caneri ddwedes i, nid canu fel un!

 bod mewn perygl mawr drwy'r amser. Yn Ffatri Ffrwydron y Fferi Isaf, sir y Fflint, yn 1917–18 cafodd:
- 3,818 eu llosgi gan asid
- 2,128 niwed i'w llygaid
- 763 glwy'r croen
- a bu 12,778 o ddamweiniau eraill – record iechyd a diogelwch wych. Yn dda mewn mathemateg? Gan mai 7,000 o bobl oedd yn gweithio yn y Fferi Isaf roedd rhai wedi cael 2–3 anaf yn ystod y flwyddyn yma.

cael eich lladd mewn ffrwydrad.

Yma y gorwedd

MILDRED OWEN
18 oed

a DOROTHY WILSON
19 oed

o Abertawe
Lladdwyd yn Ffatri Ffrwydron
Pen-bre (siŵr o fod)
Awst 1917

Cofiwch amdanom a gwrandewch ein cri,
Dwy ganeri felen fu'n gwneud TNT,
Fe'n chwythwyd i'r nefoedd i ganu lan frŷ
A nawr, mae'r rhyfel ar ben i ni!
(A gallai'r un peth ddigwydd i chi!)

FELLY, PWY OEDD YN GWISGO'R TROWSUS?

Wel, menywod siŵr iawn – roedd y dynion bant yn rhyfela! A'r merched yn llenwi eu trowsusau (nid yn llythrennol!) ac yn gwneud eu swyddi – fel tocynwyr a gyrwyr bysys a threnau, postmyn, ym Myddin y Tir, yn y ffatrïoedd ac yn y lluoedd arfog.

Oedd, roedd byd newydd wedi gwawrio i fenywod (medden nhw!).

CYSURON CARTREF

Ac roedd hen fenywod diflas yn barod i helpu ymdrech y rhyfel hefyd. Trefnodd Margaret Lloyd George ddiwrnod baneri ar Ddydd Gŵyl Dewi 1917, a chododd ddigon o arian i dalu am 66,000 pâr o sanau, 14,000 bar o sebon a 500,000 o sigaréts i filwyr o Gymry.

Glowyr Gwarthus

Roedd glo Cymru'n bwysig iawn fel tanwydd i'r llynges yn ystod y Rhyfel Mawr. Ond roedd y glowyr gwarthus yn cwyno nad oedden nhw'n cael digon o dâl, tra oedd perchnogion y pyllau glo yn mynd yn fwy a mwy cyfoethog. Roedd aelodau <u>Ffed</u>erasiwn Glowyr De Cymru yn FFED-YP! Penderfynon nhw fynd ar streic ym mis Gorffennaf 1915. Roedd pawb yn grac iawn, yn enwedig Bonar Law, y Tori truenus.

Pwy enillodd? Y glowyr gwarthus, wrth gwrs! Cawson nhw fwy o gyflog – roedd glo Cymru'n fwy pwysig na Bonar Law.

A DYNA DDIWEDD Y RHYFEL MAWR

(ond mae un arall i ddod – felly codwch eich calon!)

Rhai **Ffeithiau Ffiaidd** am effeithiau'r rhyfel:

Maen nhw'n dal i ffindio 300 tunnell o sieliau bob blwyddyn yn y caeau yn Ffrainc a Fflandrys.

Maen nhw'n dal i ffindio cyrff hefyd. Yn 1992 fe ddaethon nhw ar draws corff Thomas John Jenkins (Jac Siencyn i'w dadi a'i fami oedd wedi hen farw) o Bontrhydfendigaid, a oedd wedi cael ei ladd ar un diwrnod â Hedd Wyn (31/07/1917, fel ry'ch chi'n cofio mae'n siŵr), yn Passchendaele.

 Mae mynwentydd enfawr i gofio milwyr y ddwy ochr. Yn Thiepval mae enwau 72,000 o filwyr aeth 'ar goll' ym mrwydr y Somme. Gallai'r rhain gael sedd yr un i lenwi Stadiwm y Mileniwm! Ac yn y llyfr sy'n enwi pwy sydd wedi'u claddu ym mynwent Porth Menin, Gwlad Belg, mae 20 tudalen o Jonesiaid!

 Mae miloedd o dwristiaid yn heidio i ddysgu rhagor am hanes atgas y Rhyfel Mawr. Mae 300,000 yn ymweld ag Ieper yn unig bob blwyddyn. (Ond gallwch chi osgoi'r profiad penigamp hwnnw trwy ddarllen y llyfr atgas yma am y Rhyfel Byd Cyntaf enbyd!)

O RYFEL I RYFEL

Dim cweit, achos rhwng y ddau Ryfel Byd cafodd
Cymru ugain o flynyddoedd blin a diflas iawn.

LLINELL AMSER ARBENNIG

1918-19

Epidemig o ffliw yn lladd tua 50,000,000 o bobl ar
draws y byd – mwy nag a fu farw yn y rhyfel ei hun.
Pobl ifanc iach oedd y cynta i farw! Busnesau ac
ysgolion Caerdydd wedi cau (Hwrê!).

1922

Ifan ab Owen Edwards yn sefydlu Urdd Gobaith Cymru.
Hei, Mistar Urdd! Pam wyt ti'n dal i'n poenydio ni
heddiw gyda chanu a llefaru a dawnsio disgo?

1926

Y Streic Fawr – pawb ar streic am 10 diwrnod a'r
glowyr yn mynd ymlaen am chwe mis arall.

1929–36

Dirwasgiad a diflastod mawr – llawer iawn o Gymry yn ddi-waith.

1933

Adolf Hitler a'r Natsïaid yn dechrau rheoli yn yr Almaen. Bywydau pob Iddew a sipsi yn troi'n uffern dros nos.

1934

Damwain fawr ym mhwll glo Gresffordd, ger Wrecsam. 266 yn cael eu lladd gan ffrwydrad, nwy a thân.

1936

Tri aelod o Blaid Cymru yn rhoi ffermdy Penyberth, ym Mhenrhyn Llŷn, ar dân er mwyn ceisio rhwystro'r llywodraeth rhag codi ysgol i hyfforddi bomio yno, ac yn mynd i'r carchar am wneud hynny. Yn ôl un stori, bu D. J. Williams, un o'r tri, bron ag anghofio'r bocs matsys, England's Glory, i gynnau'r tân!

A dyma ni'n barod am Ryfel Byd arall, lladd ac ymladd a brwydro cibddall.

YMLAEN I'R GAD . . .

YR AIL RYFEL BYD ENBYD

Cyflwyniad Arall Eto!

LLINELL AMSER ARSWYDUS

1939
1 Medi
Yr Almaen yn goresgyn Gwlad Pwyl a dechrau'r Ail Ryfel Byd.

1940
10 Mai
Winston Churchill yn dod yn brif weinidog Prydain ac yn dweud wrth bawb, 'Does gen i ddim byd i'w gynnig ond gwaed, gwaith, dagrau a chwys' (neis iawn!), ond wrth gwrs, pobl Prydain (nid Churchill) fyddai'n gorfod gwaedu, gweithio, crio a chwysu fwyaf!

Mai–Mehefin
Byddin Prydain yn cael ei gyrru allan o Ewrop ac yn ffoi dros y môr o Dunkirk yn Ffrainc — 338,226 o filwyr o Brydain a Ffrainc ar 850 o longau mawr a bach. Ond, 'Fyddwn ni DDIM yn ildio,' meddai Sant Winston eto.

Au revoir. Dy'n ni ddim yn ildio, wir nawr, dim ond mynd i nôl gwell gynnau, tanciau a . . . Byddwn ni 'nôl mewn pedair blynedd!

PRYDAIN FFRAINC

Haf–Hydref
Brwydr Prydain — awyrennau'r Almaen, y Luftwaffe, yn ymosod yn ddi-baid ar Brydain. Prydain yn talu'n ôl trwy fomio trefi a dinasoedd yr Almaen.

1941
Ionawr a Chwefror
Blits Caerdydd ac Abertawe — bomio difrifol.

Mehefin
Yr Almaen yn ymosod ar yr Undeb Sofietaidd.

7 Rhagfyr
Japan yn ymosod ar lynges America yn Pearl Harbour, Hawaii. America yn ymuno yn y rhyfel — hen bryd!

11 Rhagfyr
Yr Almaen a'r Eidal yn cyhoeddi rhyfel yn erbyn America.

1942
Ionawr
Natsïaid yn penderfynu bod angen cael gwared ar Iddewon oddi ar wyneb y ddaear.

Mai

Byddin yr Undeb Sofietaidd yn dechrau gyrru byddin yr Almaen yn ôl, ac America yn bomio llynges Japan. Y llanw'n troi yn erbyn yr Almaen?

4 Tachwedd

Prydain yn trechu tanciau'r Almaen ym mrwydr El Alamein yn Affrica (beth maen nhw'n ei wneud fan yna?).

1943

Chwefror

Byddin yr Undeb Sofietaidd yn trechu'r Almaen yn Stalingrad ac yn dechrau martsio tuag at Ewrop! (Help!)

17 Mai

Llu Awyr Prydain yn dinistrio cronfeydd dŵr yn yr Almaen gyda'u bom sboncio newydd — y Dambuster (dyna hwyl!).

Gorffennaf

Lluoedd awyr Prydain ac America yn bomio Hamburg yn yr Almaen gan ladd 50,000.

Byddinoedd y Cynghreiriaid (hynny yw, pawb ond y rhai oedd yn cefnogi Hitler) yn ymosod ar yr Eidal. Mussolini, arweinydd yr Eidal, yn colli'i job.

1944

Ebrill ymlaen

Yr Undeb Sofietaidd yn cyrraedd Gwlad Pwyl a Romania

Dwi ddim yn siŵr pwy yw'r gwaetha – Hitler a'r Natsïaid neu Stalin a'r Sofietiaid! Help!

America yn nesáu at Japan a Byddin y Cynghreiriaid yn treiddio trwy'r Eidal tuag at yr Almaen OND mae ffordd bell i fynd.

6 Mehefin
Byddin y Cynghreiriaid yn glanio yn Normandi, Ffrainc.

1945
27 Ionawr
Yr Undeb Sofietaidd yn cyrraedd gwersyll crynhoi erchyll Auschwitz — a'r byd i gyd yn cael gwybod am greulondeb eithafol y Natsïaid yn erbyn yr Iddewon, ac unrhyw un arall oedd yn sefyll yn eu ffordd ffiaidd. Nyrs o Bontardawe, Emily Bond, yn un o'r rhai cyntaf i mewn i wersyll crynhoi Bergen-Belsen. Ei gwaith hi oedd gofalu am 1,000 o'r cleifion a nodi enwau'r rhai oedd yn marw bob dydd.

28 Ebrill

Mussolini yn cael ei saethu a'i grogi ben i waered.

Wps! Dyna ddiwedd penn-od yn hanes yr Eidal!

30 Ebrill

Hitler yn lladd ei hun yn Berlin ar ôl gwenwyno'i gi, Blondi, a saethu ei wraig newydd Eva (nid cariad Adda!) yn farw.

On'd mae e'n dwlu ar gŵn!

8 Mai

Y rhyfel ar ben yn Ewrop.

6 a 9 Awst

America'n gollwng dwy fom atomig — ar Hiroshima a Nagasaki yn Japan, gan ladd bron i chwarter miliwn o bobl mewn chwinciad.

15 Awst

Y rhyfel yn erbyn Japan ar ben.

Dathlu mawr o fis Mai tan fis Awst — cyngherddau, gwasanaethau diolchgarwch, dawnsio a chanu, clychau'r eglwysi'n canu a phartïon stryd.

Cymerwch siocled bach arall — bydd digon o losin nawr!

(Celwydd noeth! Doedd dim llawer o losin ar gael tan 1953 – wyth mlynedd ar ôl i'r rhyfel ddod i ben!)

Ie, gwledydd MAWR yn ymladd ei gilydd yn yr Ail Ryfel BYD enbyd. Ond fe chwaraeodd Cymru fach ei rhan hefyd. Bu milwyr, awyrenwyr a morwyr o Gymru yn ymladd ar hyd a lled y byd i gyd yn y fyddin, yr awyrlu a'r llynges a chael eu lladd, eu hanafu a'u carcharu fel milwyr pob gwlad arall. Byddai adrodd yr HOLL hanes hyll yn eich syrffedu'n llwyr ac yn rhoi hunllefau heintus i chi bob dydd a phob nos am weddill eich bywyd.

Felly, beth am hanes ambell beth pwysig wnaeth Cymru fach a rhai Cymry campus i helpu ymdrech ryfel FAWR yr Ail Ryfel Byd enbyd.

ORIEL YR EICONAU EITHRIADOL

Dyma gyfle gwych i chi brofi i'ch athrawon Hanes anobeithiol (ie, yr athrawon!) eich bod CHI yn gwybod llawer mwy na NHW am orchestion Cymru a Chymry yn ystod yr Ail Ryfel Byd enbyd. Ewch â nhw o gwmpas yr oriel yma a rhowch sgôr iddyn nhw os ydyn nhw wedi clywed am yr eiconau eithriadol yma.

A. Taffy Bowen (neu Edward George Bowen i'w fami a'i dadi) o Abertawe. Y ffisegwr ffantastig fu'n helpu i ddatblygu RADAR – i ganfod awyrennau yn y nos a llongau tanfor yr Almaen ymhell i lawr yn y môr. Gweithiodd hefyd i roi radar mewn awyrennau bomio. Bu'r rhain yn bwysig iawn yn gwarchod Prydain rhag y Luftwaffe drwy gydol y rhyfel. Ym mis Mai 1941 cafodd cant o awyrennau'r gelyn eu saethu i lawr yn y nos – gyda help radar. Roedd y gwaith hwn yn help mawr i Brydain ennill Brwydr Prydain a Brwydr yr Iwerydd (gwych iawn, Taffy!).

MARC 9/10 (Sgôr uchel achos mae radar yn dal yn ddefnyddiol iawn heddiw)

B. Wynford Vaughan-Thomas (Wynff heb Plwmsan!) o Abertawe (eto!) – gohebydd pwysig gyda'r BBC, yn hedfan gyda'r awyrennau bomio i ddisgrifio'r golygfeydd anhygoel.

Dyma fe wrthi:

Waw, mae hyn yn anhygoel. Dwi mewn awyren fomio Lancaster yn hedfan dros ddinas Berlin yn yr Almaen ac ry'n ni'n bomio'r ddinas yn gyrbibion – cartrefi a thai, dynion, menywod a phlant. Gobeithio nawr y bydd yr Almaenwyr wedi diflasu cymaint nes penderfynu dod â'r rhyfel i ben. Dwi'n gweld Berlin ar dân odanon ni – gyda'r holl fomiau tân a'r ffrwydron ffyrnig. Mae'n edrych yn bert iawn, fel llond dwrn o emau gwerthfawr wedi'u taflu ar ddarn o felfed du. (Roedd yr hen Wynff yn gallu clebran!) Ond help! - mae awyren Almaenig yn ymosod arnon ni a'r bwledi'n saethu o bob cyfeiriad. Whiw – jyst dros 'mhen i! Mae'n wych – ry'n ni wedi saethu'r awyren i lawr ac mae'n disgyn i ganol y llanast yn Berlin fel clwtyn fflamllyd llawn olew.

(Nodyn bach diflas: Yn 1943–4 cafodd 4,000 eu lladd; 10,000 eu hanafu a 450,000 eu gadael heb gartref yn Berlin. Ond fu'r cyrch cythreulig ddim yn llwyddiannus – wnaeth yr Almaenwyr ddim diflasu ac aeth y rhyfel yn ei flaen.)

MARC: 7/10

C. Glyndwr Michael – corff marw 'Ymgyrch Briwgig'

Yn anffodus doedd Glyndwr druan ddim yn gwybod ei fod e wedi helpu'r ymdrech ryfel o gwbl. Ac roedd y cyfan yn gyfrinachol IAWN IAWN. Felly – caewch eich llygaid wrth ddarllen y stori syrffedus hon a pheidiwch â sôn wrth NEB amdani – neu bydd yn rhaid eich saethu!

A dyna ddigwyddodd. Cafodd Glyndwr Michael y teitl Uwchgapten William Martin, ac fe lyncodd yr Almaenwyr y 'briwgig' (neu'r Mincemeat, sef yr enw od ar yr ymgyrch yma) i gyd! Ar ôl darllen y papurau pwysig ac astudio'r map anfonodd Hitler neges at ei fyddin yn yr Eidal, mewn côd cyfrinachol wrth gwrs!

S.O.S.
SYMUDWCH Y MILWYR O SICILIA I SARDINIA AR UNWAITH! STOP!

A dyna sut y dechreuodd y Cynghreiriaid ennill tir yn yr Eidal – diolch i gorff marw Glyndwr o Aberbargoed.

MARC marw: 10/10

Ch. Cronfa Ddŵr Nant-y-gro

Yn bendant, fydd eich athrawon ddim yn gwybod yr hanes hyll hwn. Ar y gronfa ddŵr ddibwys yma ym Mhowys bu gwyddonwyr gwybodus yn profi bom enfawr a fyddai'n gallu ffrwydro twll mewn cronfa ddŵr. Dyma'r DAMBUSTER enwog iawn. Dysgon nhw fod angen i'r bom neidio a sboncio dros y dŵr. Roedden nhw eisiau chwalu cronfeydd dŵr yn nyffryn y Ruhr yn yr Almaen yn rhacs i foddi'r ffatrïoedd gwneud arfau yno.

(Nodyn bach diflas arall – er bod y bom sboncio wedi gweithio yn y Ruhr, cafodd 53 o griw awyrennau Prydain eu lladd a 1,300 o'r bobl leol, yn cynnwys carcharorion rhyfel o'r Wcráin [druain bach!])

MARC 8/10

D. Ffatri Ffiaidd Rhyd-y-mwyn

Dyma un o gyfrinachau mwya'r Ail Ryfel Byd. Yma, mewn ffatri ffiaidd i lawr yng nghrombil y ddaear ger yr Wyddgrug, roedd gweithwyr yn gwneud sieliau bomiau ar gyfer gwenwyn cemegol – nwy mwstard. Rhybudddiodd Churchill yr Almaenwyr

Os byddwch chi'n defnyddio nwy cemegol, byddwn ni'n ei ddefnyddio 'nôl arnoch chi. Felly bihafiwch!

Yn ffodus, fe wrandawon nhw ar Churchill. Ond, diolch i ffatri ffiaidd Rhyd-y-mwyn, roedd popeth yn barod − rhag ofn.

Hefyd (ac yn hollol Hysh hysh!) mae'n debyg fod gwyddonwyr wedi bod yn gweithio ar y bom atomig yma − yr arf mwyaf atgas ohonyn nhw i gyd.

MARC 9/10

Dd. Diwedd y Byd ar Fynydd Epynt

Mae'n debyg fod eich athrawon anobeithiol yn stwffio stori syrffedus boddi Cwm Tryweryn ger y Bala i lawr eich corn gwddw bob cyfle gân' nhw. Ond dylai pawb wybod am hanes hunllefus Mynydd Epynt hefyd.

Yn 1940 cafodd 30,000 erw o dir ar Fynydd Epynt eu dwyn gan y Llywodraeth i ymarfer saethu a bomio. Cafodd ysgol a chapel eu dinistrio a 54 o ffermydd eu chwalu. Cafodd 219 o Gymry Cymraeg eu symud oddi yno. Iddyn nhw roedd hyn yn 'Ddiwedd y Byd'. Cafodd yr iaith Gymraeg ei lladd yn y rhan yma o Gymru. Aeth Ffynnon Dafydd Bifan yn *Dixie's Corner* a Tafarn y Mynydd yn *Picadilly Circus*!

Gobeithio eich bod chi'n crio o grwc erbyn hyn, ac na wnewch chi BYTH anghofio'r drasiedi hon.

> ## COFIWCH ~~DRYWRERYN~~
> ## FYNYDD EPYNT   X
>
> ## COFIWCH DRYWERYN
> ## A MYNYDD EPYNT   ✓

MARC 8/10

E. Y Pentref Mud – Dial Dieflig

Mae'r stori yma bron yn rhy drist i'w dweud.

Ym Mehefin 1942 cafodd Natsi pwysig, Reinhard Heydrich, ei ladd gan aelodau o fudiad oedd yn gwrthwynebu'r Natsïaid yn Tsiecoslofacia. Aeth Hitler yn benwan pan glywodd e, a gorchymyn fod yn rhaid dial ar unrhyw un oedd wedi helpu'r mudiad hwn. Cafodd pentref bach glofaol Lidice ei ddewis i ddial arno ac i dawelu tymer Hitler. Cafodd pob dyn dros 16 oed yno – 192 i gyd – eu saethu'n farw yn y fan a'r lle.

Heil Hitler – Saethwch!

Yna casglon nhw'r menwyod at ei gilydd a'u hanfon i wersyll crynhoi Ravensbrück i farw.

A beth am y plant? Mae eu stori nhw'n fwy trist hyd yn oed. Cawson nhw eu gwahanu oddi wrth eu mamau – llwgodd rhai a chafodd eraill eu hanfon i'r siambrau nwy i farw.

Ond beth oedd gan Gymru i'w wneud â'r hanes erchyll hwn?

Yn 1943 penderfynodd Humphrey Jennings wneud ffilm, *The Silent Village*, i gofio am y gyflafan gythreulig, a dewisodd ei ffilmio ym mhentref glofaol Cwmgïedd, yn ymyl Ystradgynlais, gyda glowyr cyffredin, nid actorion, a'u teuluoedd yn actio ynddi.

Dyma sut y daeth pentref bach yng Nghymru yn rhan o'r ymdrech i brofi i'r byd pa mor greulon oedd Hitler a'i Natsïaid.

MARC 10/10 – marciau llawn am helpu.

F. Ble mae'r trysorau?

Ble, yn wir? Dyna'r cwestiwn roedd pob lleidr lluniau yn ei ofyn yn ystod yr Ail Ryfel Byd. Roedd lluniau gwerthfawr Oriel y Tate a'r Oriel Genedlaethol yn Llundain wedi diflannu! Pwy oedd wedi'u cuddio a ble roedden nhw? Ble gwell na chwarel lechi'r Manod (enw da am Fan Od!), Blaenau Ffestiniog? Fyddai neb yn meddwl edrych i lawr y twneli diflas a diddiwedd yma am ddarluniau gwych gan Constable a Rembrandt, Leonardo da Vinci a Renoir. Ac wrth gwrs, doedd dim lladron lluniau ym Mlaenau Ffestiniog, oedd yna?

MARC 7/10

Nawr sgoriwch eich athrawon:

50–67 O FARCIAU

Athrawon anhygoel, dylech addoli'r ddaear maen nhw'n cerdded arni.

25–50 O FARCIAU

Go-lew ond mae lle i wella (fel maen nhw'n dweud wrthoch chi o hyd, ac o hyd!).

0–25 O FARCIAU

Fel roedden ni'n amau, athrawon anobeithiol. Byddech chi'n gwneud gwell job ohoni!

FFLAMIA ABERTAWE!

Dyna fyddai pobl Caerdydd yn ei ddweud wrth glywed bod yr Almaenwyr wedi gollwng mwy o fomiau ar Abertawe nag ar Gaerdydd – prif ddinas Cymru!
Mae Abertawe a Chaerdydd bob amser wedi cystadlu yn erbyn ei gilydd – ar y caeau rygbi a phêl-droed, siopau . . . OND yn hanes atgas yr Ail Ryfel Byd enbyd Abertawe oedd ar y blaen:

Ac Abertawe ddioddefodd y blits gwaethaf yn hanes Cymru – ym mis Chwefror 1941.

Dyma sut y byddai gohebydd gofalus wedi ysgrifennu nodiadau am dair noson nerfus iawn y blits brawychus yma.

Nos Fercher, 19 Chwefror

Noson glir, llawn eira. Awyrennau'r Luftwaffe yn defnyddio tân purfa olew Llandarcy ac afon Tawe i'w harwain at Abertawe. Y dociau a'r gweithfeydd metel yn eu denu. 61 awyren yn gollwng 492 o ffrwydron a 15,720 o fomiau tân am ben y dref. Tai yn toddi fel menyn wedi poethi. Llawer allan yn gwylio'r sioe a rhai yn y sinema. Plismon ifanc yn cael profiad erchyll. Darn o ffosfforws llosg yn tasgu i mewn i'w geg ac i lawr ei wddf. Fflamau tân gwyn yn arllwys allan ohono – ac yntau'n marw. Y gynnau 'Ac-Ac' mawr yn ceisio saethu awyrennau'r gelyn i lawr. Y cyrch awyr yn dod i ben am hanner nos ond pawb yn rhy ofnus i fynd i'r gwely.

Nos Iau, 20 Chwefror

Siopau gemau Stryd y Gwin wedi'u bomio – pobl ar eu gliniau yn y rwbel yn chwilio am dlysau gwerthfawr!

Jiw, jiw, mae trasiedi un person yn dda i rywun arall!

Y farchnad wedi'i tharo (dim cocos a bara lawr am dipyn 'te!). Bom oedd heb ffrwydro yn lladd chwe aelod o'r tîm difa bomiau. Yna, blits arall – y capel Wesle mawr yn cael ei daro a phawb oedd yn llochesu yn y seler yn cael eu lladd. Yn Stryd Teilo, tair cenhedlaeth o'r un teulu yn cael eu lladd. Gwydr yn disgleirio ym mhobman ar y stryd. Dod i ben am 1 o'r gloch y bore.

Nos Wener, 21 Chwefror
Cyrch awyr anhygoel arall yn para
5 awr. Pibelli nwy wedi torri – a nwy
yn gollwng ym mhobman. Bryn Cilfái
yn olau fel coeden Nadolig oherwydd
y bomiau tân. Yn Stryd y Gwin, dyn yn ceisio diffodd bom tân trwy stampio arni. Ei droed yn cael ei chwythu i ffwrdd! Eglwys y Santes Fair yn cael ei tharo a sŵn y clychau'n canu'n wyllt wrth ddisgyn i lawr y tŵr i'r llawr. Canol tref Abertawe wedi llosgi i'r llawr a'r Ysgol Ramadeg ar riw Mount Pleasant (enw braidd yn anffodus – byddai Mount Unpleasant yn well!) yn cael ei dinistrio. Pawb wedi'u hysgwyd ac wedi blino'n lân heb nosweithiau o gwsg. Ond pawb yn falch o fod yn fyw o hyd!

YSTADEGAU YSGYTWOL BLITS ABERTAWE

- 56,000 o fomiau tân a 1,273 o fomiau ffrwydrol ffyrnig yn cael eu gollwng ar y dref.

- Ffyrdd, systemau carthffosiaeth, ceblau trydan yn cael eu difrodi.

- 15 ysgol wedi'u dinistrio (Hwrê! neu O na!?).

- 6,500 heb gartref.

- Tua 230 wedi'u lladd a 409 wedi'u hanafu.

- 171 o siopau bwyd a 34 gwesty wedi'u difrodi.

- Siop fawr Ben Evans, Eglwys y Santes Fair, a'r hen farchnad wedi'u dymchwel.

Roedd yr awyr yn goch i gyd, a phobl o Ddyfnaint i Abergwaun yn gallu gweld a gwynto'r dref yn llosgi. Fflamia! roedd Abertawe'n FFLAM!

Beth yw'r golau coch mawr 'na sy'n disgleirio yn y gorllewin?

Dewch i ni fynd i weld.

Aros funud, ble mae'r thus a'r myrr?

CHWARE TEG I GAERDYDD

Gwell i ni beidio ag anwybyddu'r bomio ar Gaerdydd hefyd. Ar 2 Ionawr, 1941 ymosododd y Luftwaffe ar y ddinas ac ar Landaf. Cafodd tua 160 eu lladd mewn un noson. Cafodd Eglwys Gadeiriol Llandaf ei tharo nes bod y cerrig beddau'n tasgu ar hyd y lle a'r esgyrn o'r beddau ar wasgar dros bob man.

CARCHARAU CYTHREULIG

Mae hanesion hunllefus carcharorion yr Ail Ryfel Byd enbyd yn debyg o godi gwallt eich pen neu ei droi'n wyn dros nos.

> Nefoedd wen, beth sydd wedi digwydd i ti?

> Darllenes i *Hanes Atgas y Ddau Ryfel Byd Enbyd* cyn mynd i gysgu neithiwr!

Yn yr Almaen y cafodd Haden Spicer o Gasnewydd ei garcharu yn dilyn y glanio yn Normandi yn 1944.

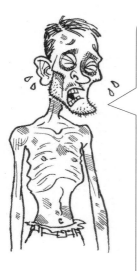

> Mae'n gas gen i gofio'r dyddiau hynny. Bues i'n gweithio fel caethwas yn gwneud siwgr i'r Führer (hen ddyn sur oedd Hitler) ei hunan. Deuddeg awr y dydd, saith diwrnod yr wythnos (ddim yn dda am wneud symiau? – dyna 84 awr yr wythnos! 30 awr yw oriau gwaith eich athrawon Hanes hoffus!) yn rhofio betys siwgr i mewn i beiriant i'w malu. A'r bwyd? Rhannu un dorth o fara'r dydd rhwng pum dyn! Ac ar ddydd Nadolig cael torth wen yn lle un ddu! Golles i lot fawr o bwysau. Diolch byth ei bod hi bron yn ddiwedd y rhyfel. Pan ddes i 'nôl i Gymru, gofynnodd rhyw fenyw ar y trên i fi ble o'n i wedi bod. Atebes i, a dwedodd hi, 'Wel, dy'ch chi ddim yn edrych yn rhy ddrwg ar ôl y profiad!' (Dwi'n gwybod ble hoffen i ei hanfon hi!)

JIAWLINEB Y JAPANEAID

Ond carcharau'r Japaneaid oedd y gwaetha o bell ffordd. Roedden nhw'n erchyll o greulon. Gallech:

farw o newyn. Bu David Ellis Roberts, morwr o'r Bermo, yn bwyta chwyn o'r jyngl ac yn dwyn crwyn bananas o fwyd y moch am ei fod bron â llwgu.

Gad iddo fe'i gael e. Dyw e ddim yn ffit i fochyn!

fynd yn wallgof oherwydd y creulondeb. Gan nad oedd Cymro arall yn y gwersyll yn Palembang ar ynys Sumatra, dechreuodd Roberts siarad ag e'i hunan (efallai ei fod e'n cael mwy o synnwyr wrth wneud hynny!).

farw o glefydau erchyll fel beri-beri (dim digon o faeth – wel, doedd dim llawer mewn croen banana!) neu ddisentri (dolur rhydd iawn, iawn).

gael eich curo â chansen fambŵ gan y gardiau gormesol – dim ond am syllu arnyn nhw.

gael eich curo i farwolaeth am beidio ag ufuddhau i'r gardiau (o leia dydy'r athrawon ddim wedi trio hynna!). Meddai Brynley O. Thomas o Abertawe.

Dwi'n cofio bachgen ifanc oedd yn gwrthod gwrando ar y gardiau. Cafodd ei ben ei glymu mewn blocyn pren a'i guro a'i guro â bambŵ, nes ei fod yn siwps slwtshlyd. Yna cydion nhw ynddo fe a'i daflu i'r siarcod yn y môr.

DIRGELWCH HELBULON HESS . . . SS

Carcharor rhyfel enwoca Prydain oedd Rudolf (na, nid carw Siôn Corn) Hess, dirprwy Hitler ac aelod o'r SS (Soldiwrs Sarrug Adolf ei hun)! Yn sydyn, syrthiodd allan o'r awyr (wel, glaniodd â pharasiwt) yn yr Alban ar 10 Mai 1941. Cafodd ei ddal gan was fferm â phicwarch (roedd y Natsi nerfus wedi anghofio'i wn, siŵr o fod!) ac yna'i garcharu tan 1945 mewn ysbyty milwrol yn y Fenni, de Cymru.

Dim nonsens nawr, Herr Hess!

Fel carcharor, cafodd amser bach neis achos byddai ceidwaid y carchar yn mynd ag e allan am dro i'r dre weithiau, neu i ymweld â chestyll yr ardal, neu hyd yn oed i gael cinio gydag Arglwydd Tredegar yn Nhŷ Tredegar!

Annwyl Adolf,
Yn cael gwyliau gwych.
Byddai'n braf petait
ti yma . . .

Ond ar ddiwedd y rhyfel cafodd ei anfon 'nôl i Nuremberg yn yr Almaen i sefyll ei brawf am droseddau rhyfel, a'i garcharu am oes.

Ond PAM oedd Hess wedi hedfan i'r Alban o gwbl? Dyna'r dirgelwch dramatig.

✠ Oedd Hitler wedi'i anfon e i drafod heddwch gyda Phrydain?

✠ Oedd rhai Prydeinwyr (y Brenin George VI ei hun?) eisiau cael gwared â Churchill fel prif weinidog?

✠ Oedd Hess wedi dod ar ei liwt ei hun er mwyn plesio Hitler? Ro'n nhw'n dweud ei fod e'n addoli'r bòs!

✠ Oedd Hess yn wallgof? Roedd e'n honni nad oedd e'n gallu cofio unrhyw beth o'i hanes!

OND y cwestiwn mwya anodd:
✠ Ai Rudolf Hess oedd y dyn yma o gwbl neu ryw dwyllwr arall?

Ond mae'n profi mai Herr Hess ydw i ar fy mhants i!

R. HESS

Mae'r dirgelwch yn parhau! Ac allwn ni ddim ei ddatrys heb weld papurau cyfrinachol y Llywodraeth (maen nhw'n dal mewn sêff saff yn rhywle), neu fynd ati i gloddio Rudolf Hess o'i fedd ac archwilio'i DNA. (Nawr, ble mae'r rhaw?)

BALED BATHETIG YR ARANDORA STAR

Cafodd rhai o garcharorion Prydain brofiadau brawychus iawn a dyma un hanesyn amdanyn nhw. Canwch y faled yn uchel – ond nid o flaen Eidalwyr!

> Gwrandewch nawr ar hanes atgas
> Am suddo llong deithio fawr,
> Gan dorpido tanfor yr Almaen,
> Lawr â hi, ta-ta, a hwyl fawr!
> Ar ei bwrdd roedd carcharorion
> O'r Eidal a'r Almaen bob un,
> Ac ambell i gard bach o Gymru
> Yng ngofal y teithwyr blin.

Ond mae'r stori yn dechrau cyn hynny,
Pan ddaeth Eidalwyr gweithgar a da
I agor caffis yng nghymoedd de Cymru
I werthu coffi a hufen iâ.
Roedd bois yr Eidal a'r Cymry
Yn ffrindiau a chymdogion ffri
Yn rhannu sbageti 'da'i gilydd,
Rabiotti, Jones a Chezzi.

Ond torrodd y rhyfel allan,
A'r Eidal nawr yn elyn cas,
Ac meddai Churchill yn bwysig,
'Rhaid dal pob Eidalwr ar ras.
Maen nhw'n ffasgwyr drwg, peryglus,
Yn dwyn cyfrinachau yn llu
I'w hanfon 'nôl i'w harweinydd –
Benito Mussol-i-ni.'

A daliwyd yr holl wŷr simsan⋆
I'w gyrru ymhell dros y don,
Heb roi munud i bacio'u tedis,
Na rhoi sws i'w teuluoedd, bron,
A'u cloi, druain bach, dan hatshys
Yr *Arandora Star* ddi-liw,
Heb faner Croes Goch yn arwydd
I gapten y llong danfor a'i chriw.

'Taniwch y torpido ar unwaith,'
Gwaeddodd yr Almaenwr – a CHRASH!
Trawyd y llong yn ei hochor
Ac i lawr â hi – SBLISH, SBLOSH, SBLASH!
Dim gobaith cael hyd i fad achub,
'Mond neidio i'r dŵr yn ddi-baid,
Lle roedd cyrff ac olew yn gymysg
A dynion yn boddi'n un haid.

Bu farw dros wythgant o ddynion.
A'r gweddill ddaeth oddi yno'n fyw?
Bant â nhw heb air wrth eu gwragedd
I garchar 'n Awstralia – gwir yw.
Ac anghofiodd pawb ym Mhrydain
Hanes atgas y Seren llawn braw,
Dim ond dweud yn sbeitlyd a surbwch,
'*Arrivederci*, ffrindiau – a *Ciao!*' ⋆⋆

Ond yn 2010 cafodd cofeb ei chodi yng Nghaerdydd i
gofio'r 53 o Eidalwyr o Gymru oedd ar fwrdd yr
Arandora Star – BENE! BRAVO!

⋆ Roedd llawer o'r Eidalwyr ifainc yn ymladd ym myddin Prydain –
ac nid yn sbïwyr sbeitlyd o gwbl! Felly, hen Eidalwyr oedd ar y llong yn
bennaf.

⋆⋆ Hwyl fawr yw ystyr *Ciao* ac mae YN odli gyda braw (wir yr!).

LA CASA DI DIO (neu 'Tŷ Dduw' i chi a fi)

Ond cafodd rhai Eidalwyr ychydig bach mwy o groeso yng Nghymru, er mai carcharorion rhyfel oedden nhw.

Milwyr a gafodd eu dal yn Affrica a'u symud i garchar yn Henllan, ger Llandysul, oedd y rhain – 1,500 ohonyn nhw. Yn ystod y dydd bydden nhw'n gweithio ar ffermydd yr ardal ond gyda'r nos roedden nhw'n hiraethu am yr Eidal a'i ffordd o fyw (y tywydd, pizza, canu opera, gwin . . . Ydych chi'n synnu?). Catholigion oedden nhw a phenderfynon nhw droi un caban cysgu pren diflas yn eglwys.

I greu eglwys allan o gaban pren bydd angen casglu pob math o sbwriel:

- bocsys bwyd gwag i adeiladu allor
- tuniau corn-biff i wneud canwyllbrennau
- bagiau sment i wneud lliain i'r allor
- pilion llysiau a dail te i liwio paent ar gyfer y muriau
- un artist ardderchog i beintio'r muriau

Ac fe gawson nhw hyd i un – Mario Ferlito, a
beintiodd furlun ffantastig o Swper Olaf Iesu Grist
(mae'n siŵr y byddai'r carcharorion wedi hoffi bara
ffres a gwin gwych hefyd!), ac mae e yno o hyd!

SWSYS SWNLLYD

Estynnwch am eich hances boced – ry'ch chi'n siŵr o
lefain y glaw nawr. Syrthiodd ambell garcharor rhyfel
o'r Eidal a'r Almaen dros ei ben a'i glustiau mewn
cariad â merched o Gymru ('sdim rhyfedd – maen nhw
mor bert!) a phenderfynu priodi ac aros yma!
Cofiwch, doedd teuluoedd y merched ddim bob
amser yn hapus gyda hyn (fyddech chi? – gyda'r
carcharorion yn gorfod gwisgo oferôl brown a
chylchoedd melyn arno!), yn enwedig os mai
Almaenwyr oedden nhw. Cafodd sawl merch a'i
chariad chwithig eu bwlio a'u hambygio gan y bobl
leol. Dyma stori siomedig un ohonyn nhw – Edna
Stenger o Abergwaun a'i chariad, Karl:

O'dd crowd o grwts lleol
yn y ddawns ar nos Sadwrn ac
o'n nhw'n bwmpo mewn i ni yn
fwriadol – bwmp, bwmp drwy'r amser.
Ro'dd Karl wedi dod yn ffrindie mowr
gyda'r plismon lleol. O'dd e wrth y drws
un noswaith a welodd e beth o'dd yn
digwydd. Ac os cath bois row
erioed, wel, gath rheini. Geson
ni lonydd ar ôl 'ny.

Ond roedd rhai carcharorion (o Brydain a'r Almaen)
yn gwneud hobi heintus o ddianc o garchar.

Tri Chynnig i Gymro o'r Bermo!
Hanes ein Harwr Herfeiddiol

MAE STORI'R Corporal Cyril Morris o'r Bermo yn un syfrdanol. Llwyddodd i ddianc, nid UNWAITH, nid DWYWAITH ond DEIRGWAITH o afael yr Almaenwyr a'r Eidalwyr.

Yn 1942 cafodd Morris a 34,999 o filwyr eraill eu cipio gan y gelyn yn Tobruk, Libya, gogledd Affrica (dyna brofi fod hwn yn rhyfel byd!), a'u cludo i garchar yn yr Eidal. Yn y gwersyll hwn roedd ein harwr anhygoel yn aelod o gôr o'r enw 'Gwŷr Harlech'!

Plis ga i ymuno? Dwi'n dod o'r Bermo!

Un!
Ond yna, daeth cyfle i ddianc am y tro cyntaf pan gafodd Mussolini'r sac! Roedd popeth yn draed moch yn y gwersyll a sleifiodd Morris i ffwrdd. Cafodd loches gyda theulu Eidalaidd (oedd ddim yn hoffi'u harweinydd Mussolini chwaith!).

'Ond wedyn,' yn ôl disgrifiad Morris ei hun, 'ces i fy nal eto, a'm rhoi ar drên gwartheg ar y ffordd i'r Almaen.' (Mw-w!)

Dau!
A dyma gyfle i ddianc yr ail waith – neidiodd oddi ar y trên a chuddio yn y mynyddoedd. Yn anffodus roedd sbïwr syrffedus yn cuddio yno hefyd a chafodd Morris ei ddal – eto.

Tynnodd yr Almaenwyr atgas ei esgidiau y tro hwn (drewdod a dim gobaith dianc!) a'i roi 'nôl ar drên i'r Almaen.

Tri!
'Ond wedyn,' meddai, 'cafodd y trên ei fomio gan awyrennau America. Neidiais i a sawl carcharor arall allan a llwyddon ni i gael hyd i Eidalwyr oedd yn fodlon ein helpu.'

Ond sut ddaeth Morris adre?
'Fe wnes i gwrdd â milwyr o Brydain ar y ffordd un diwrnod. Doedden nhw ddim yn credu'n stori i, tan i fi ddweud mod i'n dod o'r Bermo. Roedd un o'r dynion yn gwybod am y dref. (Diolch byth – Bermo am byth!)

Ydyn, mae Bermoaid (enw clyfar am bobl y Bermo) yn cyrraedd pob man yn y byd! Llongyfarchiadau i'n harwr herfeiddiol!

Hip Hip Hwrê i Morris, y milwr mentrus!

Sgandal Ysgubol Carcharorion Island Farm

Cywilydd, cywilydd i Ben-y-bont! Mae 70 o Natsïaid pwysig, cracharorion (gweld y jôc?) mwyaf milain a pheryglus yr Almaen, wedi DIANC o garchar Island House. Sut yn y byd lwyddon nhw? Beth oedd y gardiau yn ei wneud − cysgu? Pam nad oedd y cŵn gwarchod wedi'u ffindio nhw? D'yn ni eisiau atebion i'r cwestiynau hyn.

TWNNEL TWYLLODRUS

Mae gardiau wedi darganfod twnnel 18 metr o hyd yn mynd o un o'r cabanau dan y ffens weiren bigog o gwmpas y gwersyll. Dywedodd un gard, Tommy Hughes, fod y carcharorion wedi bod yn dwyn cyllyll a ffyrc i gloddio'r twnnel a thuniau llaeth a chig i wneud piben i ddod ag awyr i'r twnnel.

cachu arnyn nhw!). Roedden nhw wedi llifio coesau'r gwelyau i wneud propiau i ddal to'r twnnel. Ac ry'n ni'n meddwl bod y cloddwyr yn gweithio'n noeth neu bydden ni wedi sylwi bod mwd ar eu dillad nhw.'

Mae'n rhaid gofyn − oedd y gardiau yma'n sylwi ar unrhyw beth? Beth yw safon ein gardiau? Mae hon yn sgandal ysgubol!

CŴN GWARCHOD GWARTHUS

A beth yn y byd oedd yn bod ar y cŵn gwarchod? Cael eu twyllo gan bowdwr cyrri! Beth nesa?

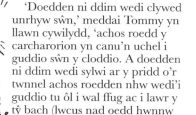

Pam yn y byd maen nhw'n bwyta cawl gyda'u dwylo?

Mmm-m gwynt cyrri!

Dwi'n ffansïo cyrri cwningen i swper!

'Doedden ni ddim wedi clywed unrhyw sŵn,' meddai Tommy yn llawn cywilydd, 'achos roedd y carcharorion yn canu'n uchel i guddio sŵn y cloddio. A doedden ni ddim wedi sylwi ar y pridd o'r twnnel achos roedden nhw wedi'i guddio tu ôl i wal ffug ac i lawr y tŷ bach (lwcus nad oedd hwnnw wedi tagu − neu byddai wedi

Ond gallwn fod yn falch o un peth. Llwyddodd y gardiau gwan i stopio rhai rhag dianc. A fyddwn ni ddim yn hir yn dal y gweddill chwaith − coeliwch chi ni!

Parti Mawr yn Island Farm
Pob carcharor dan glo eto!

Ydyn, mae gardiau Island Farm yn cynnal parti mawr i ddathlu heno. Mae pob un o'r dihirod drwg 'nôl dan glo.

> Fydd dim angen cloddio twnnel y tro yma!

> O'n i'n amau nad o'n nhw'n dod o fan hyn achos o'n i ddim wedi'u gweld nhw o' blân. A dim ond 'Ia, Ia' o'n nhw ddweud wrth ei gilydd. Wel, sdim iâ ac eira nawr, oes e? Od iawn, feddylies i.

Roedd dau o'r dynion haerllug wedi cuddio ar drên nwyddau a chyrraedd mor bell â Southampton! A phedwar arall wedi dwyn car doctor i deithio i Gaerdydd a dal trên i Birmingham! OND – mae'n debyg fod rhai o'r gardiau gwamal wedi helpu'r carcharorion hyn i ddianc trwy wthio'r car pan oedd yn gwrthod cychwyn! Roedd gan y carcharorion fapiau wedi'u peintio ar eu hancesi poced a dogfennau ffug clyfar iawn.

Draw yng Nghwm-gwrach roedd tri o'r carcharorion wedi dal bws lleol. Ond fel y dywedodd Dai Ffwl Pelt:

Dyna lwcus fod dynion mwy clyfar na gardiau'r carchar ar y bws. Wel, fydd y dihirod diflas ddim ar fws arall yn fuan iawn eto!

Gobeithio y bydd y digwyddiad difrifol hwn yn rhybudd i bob un. Dyw'r rhyfel DDIM ar ben eto!

CYFFRO'R FFRYNT CARTREF

Yn ystod yr Ail Ryfel Byd roedd bod gartref bron mor gyffrous â bod dros y môr yn ymladd y gelyn, achos roedd y rhyfel yn cyrraedd pob twll a chornel o'r wlad. Cafodd cartref Gwenda Lewis ei ddinistrio gan fom yn Llundain a chafodd hi ei hanfon yn faciwî i ddiogelwch Bwlch-gwyn, ger Wrecsam. Ac yna, syrthiodd dwy fom yn y cae o flaen y tŷ lle roedd hi'n aros ym Mwlch-gwyn! (Bwm, bwm! Dyna anlwc!)

CROESO TWYMGALON Y CYMRY?

Mae pawb drwy'r byd i gyd yn gwybod bod y Cymry'n dwlu gwneud dishgled o de a phice ar y maen (panad a chacan gri i chi'r gogleddwyr) i ymwelwyr. Ac yn 1940 cafodd y gân groesawgar 'We'll Keep a Welcome in the Hillside' ei chyfansoddi. Dim rhyfedd fod y faciwîs bach a'u rhieni o drefi a dinasoedd Lloegr yn edrych ymlaen at de parti mawr ar ôl cyrraedd Cymru ar ddechrau'r Ail Ryfel Byd enbyd.

OND . . . OND . . . gafodd pawb groeso yn y bryniau? Mmm . . . gwell i chi ddarllen y llythyron yma – cyn penderfynu.

Rywle ym mhen-draw'r byd
15 Tachwedd 1939

Annwyl Nain,

   Gobeithio eich bod chi'n iawn a bod
Taid yn brysur yn diffodd y tanau o'r
bomiau yn Lerpwl. Dwi'n aros gyda hen
fenyw ddiflas iawn. Mae hi'n siarad
Cymraeg efo fi drwy'r amser. Dwi ddim
yn deall dim byd mae hi'n ddweud a dydi
hi ddim yn deall dim byd dwi'n ddweud.
Mae hiraeth ofnadwy arna i. Nain, dwi
wedi dechrau pi-pi yn y gwely eto a
dwi ddim yn gwybod beth i'w wneud.
   Wedi blino rŵan, achos mae Mrs
Jones yn gwneud i mi olchi'r llawr bob
bore cyn mynd i'r ysgol,

Nos da,
Eich wyres fach wylofus,

Winnie
(nid Winnie y Pw ond Winnie Pi-pi) xxx

Bangor
20 Tachwedd 1939

Annwyl Mr Jones,

Gobeithio eich bod yn brysur yn lladd y Jeris*
drwg yna. Dwi ddim yn rhy dda. Achos bod gen
i ystafelloedd gwag yn y tŷ dwi wedi gorfod
cymryd faciwî o Lerpwl i aros efo fi. Wel, Mr
Jones, fyddech chi byth yn credu faint o drafferth
ydi hi. Pan gyrhaeddodd hi doedd dim byd ganddi
yn ei bag papur brown ond un set o ddillad sbâr,
crib a brwsh dannedd. Roedd ei dillad hi'n
garpiau, ac yn waeth byth, yn llawn llau a
chwain - Ych a fi! Dwi wedi gorfod eu golchi
nhw i gyd âi rhoi hi'n noethlymun o dan y tap
dŵr oer yn yr iard. A rŵan mae wedi dechrau
gwlychu'r gwely! Mae angen amynedd santes.
Diolch byth nad oes ganddon ni blant, Mr Jones.
          Eich annwyl wraig weithgar,
               Mrs Jones

* Llysenw ar Almaenwyr oedd Jeris (o Germans).

127

5 Rhagfyr 1939

Annwyl Nain,

Fi sydd yma eto. Ydych chi'n cofio fi'n dweud bod yr hiraeth am Lerpwl yn gwneud i fi pi-pi yn y gwely? Wel, dwi wedi cael cymaint o stwr am hyn gan Mrs Jones! Ond dwi wedi ffindio ffordd i'w guddio fo rŵan. Dwi'n defnyddio Tedi bach i sychu'r pi-pi a wedyn dwi'n gwasgu Tedi allan drwy'r ffenest!

Mae'n gas gen i'r bwyd yma – dwi'n cael rhywbeth afiach o'r enw cawl bob dydd. Mae o fel bwyd i'r moch! Fe fyddwn i wrth fy modd yn cael paced o tsips yn lle. Un diwrnod mi ges i de dail poethion! Roedd yn hollol afiach.

Mi ges i ffrae ffyrnig ganddi ddoe. Dwi'n gwybod nad ydych chi eisiau i fi wneud unrhyw ymdrech i ddysgu Cymraeg, ond gofynnes i i'r merched drws nesa ddysgu beth oedd 'Good morning' a 'Good night' i fi. Dwedon nhw wrtha i am ddweud 'Cer i grafu' yn y bore a 'Cer i gosi' yn y nos wrth Mrs Jones. Fe aeth hi'n wallgo! Does gen i ddim syniad pam – dim ond bod yn gwrtais oeddwn i!

Mae'n dod rŵan – gwell i fi fynd,

Swsys mawr

Eich wyres fach wirion, Winnie Pi-pi

BANG!

BANG!

BANG!

Falle y byddai Winnie wirion wedi mwynhau'n well yma'n Lerpwl nag yng Nghymru bell!

Bangor   20 Rhagfyr 1939

Annwyl Mr Jones,
Roeddwn i'n falch o glywed eich bod wedi hoffi'r cacennau cri yn y parsel bwyd anfones i. Byddai'n dda gallu dweud bod y faciwi yn bwyta'n dda hefyd ond mae hi'n troi'i thrwyn ar fy nghawl bresych ac yn gwrthod bwyta'r gacen betys coch! Beth sy'n bod ar yr hogan haerllug? Dwi wedi dysgu iddi fwyta'n daclus efo cyllell a fforc yn lle efo'i dwylo erbyn hyn. Dwi wedi dechrau mynd â hi i'r capal dair gwaith y Sul. Mae'n rhaid iddi eistedd yn llonydd am oriau yno!

Ein Tad . . . Dyro i ni heddiw ein bara . . . plis?

129

Ac ôr diwedd mae ei chroen hi'n gwella hefyd - dwi wedi'i sgwbio o dan y tap dŵr oer ddigon! Mae'n dechrau dod i ddeall Cymraeg - a dywedodd hi 'Brada' a 'No star' ddoe! Yn sicr fydd hi byth yn meiddio rhegi arna i eto.

Diolch byth mod i'n cael 7 swllt a 6 cheiniog yr wythnos i'w chadw hi. Dwi'n trio cadw rhywfaint ôr arian yma i brynu presant bach i chi. Fydd Winnie byth yn gwybod,

Eich gwraig gyfrwys,
Mrs Jones

A dyna ni – dwy ochr y ddadl. Oedd POB faciwî yn hapus yng Nghymru adeg yr Ail Ryfel Byd enbyd? Oedd pawb yn rhoi CROESO mawr iddyn nhw? Beth y'ch chi'n feddwl?

Wrth gwrs, doedd sawl man, fel Abertawe, Caerdydd a Doc Penfro yng Nghymru, ddim yn ddiogel i'r faciwîs nac i'r bobl oedd yn byw ynddyn nhw chwaith yng nghanol yr holl fomio. Roedd pobl Abertawe'n cysgu allan ar gomin Fairwood yn ystod bomio mawr Chwefror 1941 a doedd neb ar ôl yn Noc Penfro ambell noson!

Roedd hynna'n hawdd – mae pawb wedi'i baglu hi oddi yma, a'r dre'n wag!

GWIR NEU GAU
HELP! MAE'R GELYN YN GLANIO

Dyna oedd yr ofn mawr ar ddechrau'r rhyfel. Felly cafodd y Gwarchodlu Cartref (Byddin y Dadis!) ei sefydlu. Mae llawer o storïau sbeitlyd wedi'u dweud am y rhain.

> *Ha ha ha! Hi hi hi!*
> *Maen nhw yn destun sbort a sbri!*

Ond ydyn nhw'n storïau **gwir** neu **gau**?
✓ Rhowch dic slic yn y blwch iawn.

	Gwir	Gau
1. Roedd ofn BLITZKRIEG mawr – yr Almaen yn goresgyn Prydain ac yn glanio ar draethau Cymru ac awyrenwyr yn parasiwtio i lawr heb rybudd. Roedd yr Almaen wedi cipio Gwlad Pwyl, Norwy, yr Iseldiroedd, Gwlad Belg a Ffrainc erbyn 1940. Ac roedd pob dyn ffit yn y lluoedd arfog. Dyna pam y cafodd y Gwarchodlu Cartref ei sefydlu yn 1940.		

	Gwir	Gau
2. Doedd dim angen bod yn ffit nac yn iach i fod yn aelod o Fyddin y Dadis.		
3. Cafodd pob aelod o'r fyddin fentrus iwnifform fendigedig.		
4. Cawson nhw arfau newydd gwych.		
5. Wrth ymarfer gyda'r arfau gwych hyn saethodd sawl aelod o'r 'Fyddin' bobl gyffredin yn farw.		
6. Er mwyn drysu'r gelyn gormesol fyddai'n glanio yng nghefn gwlad Cymru, aeth y 'Fyddin' ati i dynnu pob arwydd ffordd a llosgi pob map.		

7. Roedd yn rhaid i bob aelod o Fyddin y Dadis ymarfer cuddio mewn llwyni a choed.		
8. Roedd gan yr Almaen ei fersiwn ei hun o Fyddin y Dadis – VOLKSSTURM (storm y bobol – mae'n swnio'n felltigedig!).		

1. **GWIR** Roedd clychau'r eglwys i fod i ganu os oedd yr Almaenwyr ar eu ffordd. Ar 7 Medi 1940 roedden nhw'n siŵr fod y gelyn wedi glanio ar draeth Llandudno. Rhedodd un dyn allan yn ei byjamas i'w stopio nhw! Ond doedd neb yno. Yna. Ar 28 Medi, yn Nhre-gŵyr, ger Abertawe, clywodd rhywun sŵn sibrwd yn y gors yn ymyl y pentre. Ond ai Cymraeg, Saesneg neu Almaeneg roedden nhw'n ei siarad? Dyna'r cwestiwn. Bu'r Gwarchodlu gweithgar yn chwilio'r nos ond heb lwyddiant. Yna, yn y bore, fe welon nhw pwy oedd yno – criw o ddynion lleol allan yn saethu hwyaid gwyllt ac wedi cael eu dal gan y llanw!

Roedd pobl Merthyr Tudful yn ofni y byddai'r gelyn yn glanio ar Fannau Brycheiniog ac yn tynnu'r plwg o'r gronfa ddŵr fawr yno gan foddi Merthyr i gyd! A dyma gyngor y llywodraeth os byddai'r gelyn yn glanio:
Os ydych chi'n digwydd sefyll tu ôl i goeden a grenâd neu fom yn eich llaw, a bod car yn dod heibio yn llawn o swyddogion y gelyn, hyd yn oed os mai eich ffrind gorau sy'n gyrru, RHAID I CHI DAFLU'R BOM AT Y CAR. Dyna fyddai eich ffrind eisiau i chi ei wneud! (O, ie?)

2. **GWIR** Doedd dim rhaid gweld meddyg a gallai unrhyw ddyn (dim menywod, wrth gwrs) rhwng 17 a 65 oed oedd 'yn gallu symud yn rhydd' fod yn y Gwarchodlu. Roedd llawer ohonom ni wedi bod yn ymladd ac wedi'u hanafu yn Rhyfel Byd Cyntaf.

3. **GAU** Yr unig ddarn o iwnifform ar y dechrau oedd rhwymyn am y fraich. Yn nes ymlaen fe gafon nhw iwnifform smart yr un.

4. **GAU** Dim ond cyllyll, brwshys, picweirch ac offer fferm eraill oedd ar gael ar y dechrau. Yna rhoddodd ffermwyr a phobl eraill fenthyg gynnau a drylliau iddyn nhw. Aeth rhai aelodau clyfar ati i wneud eu harfau eu hunain – pastwn o bren a hoelion haearn, a bom llaw o'r enw y 'Kerridge Cucumber' o waith gof pwll glo yn ne Cymru. Roedd pawb, hyd yn oed y milwyr eu hunain, yn ofni dal y bom yma!

5. **GWIR** Doedd yr arfau ddim yn wych wrth gwrs, a chafodd sawl un ei saethu gan aelod aniben o'r Gwarchodlu. Yn y Barri cafodd Madeleine Selley (nid Silli) ei saethu'n farw gan filwr bach blêr oedd ddim yn gwybod yn iawn sut i iwtyho bwledi yn ei reiffl! A chafodd Robert Leslie Howell (32 oed) ei saethu yn ei goes; aeth y goes yn ddrwg a bu farw. Fe drodd gwallt ei wraig yn wyn dros nos – druan fach ac aeth ei choes hi'n ddrwg hefyd!

Pwy sydd angen gelyn pan mae ganddoch ffrindiau fel hyn?

6. **GWIR** A buon nhw'n brysur yn gosod weiren bigog ar hyd y traethau ac yn dysgu sut i danio'r gynnau mawr yn y caerau tanddaearol a gafodd eu hadeiladu ar hyd y glan y môr.

7. **HANNER GWIR** Roedden nhw'n defnyddio dail a brigau i guddio'u hunain rhag y gelyn. Bydden nhw'n ymarfer tactegau gwerila (nid gorila) ac yn dysgu cropian ar eu boliau o gwmpas y wlad. Yn aml bydden nhw'n cropian trwy ddom da (tail gwartheg i chi'r gogleddwyr!). Byddai'r gelyn wedi gallu eu gwynto nhw'n dod.

Ych a fi – dyw'r lliw yma ddim yn fy siwtio i!

8. **GWIR** Ac roedd y rheiny yn fwy anobeithiol fyth! Heb ddillad nac arfau teidi. (Ond wrth gwrs, doedd Prydain ddim ar fin goresgyn yr Almaen!)

RHEOLAU RHYFEDDOL Y RHYFEL

1. Rhaid i bawb gael mwgwd nwy

I'ch cadw'n ddiogel rhag tagu
Ar nwy, gwisgwch fwgwd yn deidi,
I'r plant bydd un Mici
Llygoden yn handi,
A chewch un arbennig i'r babi.

Bydd rhaid drilio i ddysgu ei wisgo,
Bydd y rwber yn boeth ac yn gwynto,
Bydd yn anodd anadlu
A bydd awydd cyfogi,
Gyda nwy – brawd mogi yw tagu!

Gwaith y Wardeiniaid Cyrch Awyr (pwysig, pwysig a busneslyd) oedd dweud wrth bawb fod ymosodiad nwy ar y ffordd trwy wneud sŵn mawr gyda ratl nwy (fel hwligan pêl-droed!). A phan fyddai'r perygl drosodd, trwy ganu cloch. (Ond beth petaech chi'n byw'n bell ar ben Mynyddoedd y Preseli? Dim ond marw o wenwyn nwy amdani! peswch, peswch!)

Roedd pawb yn casáu'r mygydau nwy Ond roedd plant ysgol wedi dysgu'i bod hi'n bosibl gwneud sŵn brwnt, amheus wrth chwythu allan o'r mwgwd.

Pwy dorrodd y gwynt drewllyd 'na?

Mici Llygoden, Miss!

Erbyn diwedd 1939 roedd 38 miliwn o fygydau nwy wedi'u dosbarthu. Ond, jôc fawr y rhyfel? Chawson nhw ddim eu defnyddio o gwbl yn ystod yr Ail Ryfel Byd enbyd! (Gwich, meddai Mici Llygoden!)

2. Dim dangos golau i'r gelyn

> *Gwaith y warden cyrch awyr oedd trefnu*
> *Bod blacowt yn dynn dros ffenestri,*
> *Dim smicyn o olau*
> *I ddenu awyrennau,*
> *A pheryglu bywydau'n ein trefi.*

Roedd y Wardeiniaid wrth eu bodd yn bygwth pobl oedd ddim yn rhoi llenni duon diflas y blacowt dros bob ffenest ac yn tapio'r ochrau i lawr yn fanwl. Roedd yn rhaid gofalu nad oedd unrhyw beth gwyn yn disgleirio i dynnu sylw awyrenwyr y gelyn chwaith.

Roedd rhai'n dweud mai sbïwr salw yn sgleinio drych ar fryn Cilfái oedd wedi denu'r awyrennau i fomio Abertawe yn 1941. Clywodd menywod milain y dref y stori hon a draw â nhw i'w gartref â ffyn i hanner ei ladd. Allwch chi eu beio nhw?

3. Rhaid cario cerdyn adnabod

Cofiwch gario eich cerdyn adnabod
Yn eich poced bob amser yn barod,
Rhag ofn y daw'r heddlu
'N llawn busnes i'ch holi
A chithau 'di anghofio pwy y'ch chi!

4. Rhaid cuddio mewn llochesau os bydd bomio

I'ch achub rhag bomiau yn syrthio,
Cuddiwch lle gallwch, heb fecso,
Yn y twll dan y grisiau
Neu'n yr ysgol dan ddesgiau,
A gweddïwch na chewch chi eich taro!

Ond y llochesau arbennig★ yw'r gorau,
O fetel a choncrit, fel caerau,
Paciwch lot o flancedi,
Llond cês o fisgedi,
Pot piso a bocs o ganhwyllau!

★ Cafodd 2 filiwn o lochesau Anderson eu hadeiladu mewn gerddi yn ystod yr Ail Ryfel Byd enbyd. Roedd digon o le i chwech o bobl ynddyn nhw (ac ambell gi a chath a pharot a physgodyn aur!).

Rhag ofn y byddwch yno am oriau!

Ond, wrth gwrs, os oeddech chi'n sâl mewn ysbyty (wedi colli eich coes efallai) y rheol ryfeddaf oedd: Cuddiwch o dan y gobennydd, rhowch fowlen enamel ar eich pen a gweddïwch. (Cyngor cloff iawn!)

5. Rhaid gwrando ar y Newyddion 9 o'r gloch y nos ar y radio

(Wel, doedd hon ddim yn RHEOL ond roedd pawb yn gwneud hynny.)

> *I ddysgu am y lladd a'r holl frwydro*
> *Ar newyddion naw dylid gwrando,*
> *Ac ar Churchill a'i fombast*
> *Yn rhoi 'trefn' ar y llanast,*
> *Ond fydd fawr o Gymraeg ar y radio!*

Dim ond tair awr a hanner o Gymraeg yr wythnos oedd ar y radio yn 1940! Cafodd Eisteddfod Genedlaethol Aberpennar ei chynnal ar y radio'r flwyddyn honno oherwydd y rhyfel, ac yn 1943 cafodd eitemau o eisteddfod Cairo (yn yr Aifft!) eu darlledu ar y radio. Boddodd John Evans, Brynsiencyn, bawb yn yr eisteddfod â dagrau pan ganodd 'Cartref' (dim syndod, oes e?).

138

Ond roedd yna eitemau Saesneg am Gymru ar y radio. Dyna oedd 'Dai's Letters to the Troops' – llythyron bach difyr i godi calonnau milwyr oddi cartref. Ac yn 1940 hefyd cafodd adran adloniant ysgafn (rhaglenni hwyl a sbri) y BBC eu symud i Neuadd y Penrhyn, Bangor, oherwydd y bomiau. Ar ganol recordio un rhaglen disgynnodd bom ar y neuadd (Bang! Crash!), ond aeth y rhaglen yn ei blaen!

Mae'r drymiau'n uchel iawn heno!

DOGNI DIFLAS DI-BEN-DRAW

Os oedd y bomio, y blacowt, y faciwîs a'r ofn di-ben-draw yn eich diflasu'n llwyr, gallech chi baratoi bwffe bendigedig i godi calonnau pawb. Ond . . .

Problem 1

Bydd yn rhaid cofio bod llawer o fwydydd fel cig, menyn, caws, margarîn, siwgr, te, losin (fferins, da-da . . . neu beth bynnag yw'ch enw chi arnyn nhw) ac wyau wedi'u dogni, ac mai dim ond ychydig bach, bach o'r rhain oedd ar gael am wythnos gyfan i bob person. Llongau tanfor yr Almaen oedd yn cael y bai wrth gwrs – yn bomio'r cychod oedd yn cario bwyd i Brydain. Byddai plant Garndolbenmaen yn mynd â gwsberis i'w bwyta yn y sinema – dim pop-corn! Dywedodd hen fenyw o Abertawe (nid Hen Fenyw Fach Cydweli!)

O'n i'n treulio oriau *bob* dydd jyst yn EDRYCH ar y *bocs* siocled Black Magic gwag oedd gyda ni gartre – yn trio dychmygu pa flas oedd ar 'Orange Cup' neu 'Coffee Cream'!

Problem 2

Doedd braidd DIM orenau na bananas ar gael drwy gydol y rhyfel enbyd. Pan fyddai orenau'n cyrraedd siop byddai'r menywod a'r plant yn ciwio am oriau i gael rhai. Roedd llawer yn bwyta croen yr oren hefyd (ych a fi!). Pan ddangosodd prifathro ysgol Nanhyfer fanana i'r plant, cawson nhw ofn mawr!

Dewch 'nôl – dim ond *banana* yw e!

Ond dim Problem 1

Cadwch ieir a moch yn eich gardd ac fe gewch chi
ddigon o wyau a bacwn (a drewdod a dom mochaidd!).

Dim Problem 2

Gwnewch ffrindiau mawr iawn gyda ffermwr ffrwythlon
ac fe gewch ambell ochr mochyn a dwsin o wyau yn
gyfrinachol. Ond byddwch yn barod i dalu (yn ddrud)
amdanyn nhw. (Dydy ffermwyr ddim yn ffyliaid!)
Dywedodd menyw o Bontardawe eu bod nhw'n
cario'r moch marw o gwmpas mewn arch (coffin) rhag
ofn i swyddogion busneslyd gael hyd iddyn nhw.

Dim Problem 3

Palwch yr ardd a thyfu eich llysiau a'ch ffrwythau eich
hunan. Dilynwch esiampl Meddyg Moron a Twm Tatws
– ffefrynnau mawr yn ystod yr Ail Ryfel Byd enbyd.

'Tyfwch foron,' meddai Meddyg Moron,
'Maen nhw'n llesol a hefyd yn faethlon,
A phan ddaw y bomiau
Bydd gennych y doniau
I weld yn y t'wyllwch – heb ofon.'

BWYDLEN BRIL
BWFFE BENDIGEDIG
YR AIL RYFEL BYD ENBYD

Stwff sawrus

Dewis o Frechdanau

Llaeth cyddwys (slwtshlyd)

Sbam (ham tlawd)

Banana

(ocê! – doedd dim bananas – felly rhaid i chi wneud y
llenwad banana trwy stwnsho panas wedi'u berwi a rhin
bananas gyda'i gilydd. Ych a fi!)

Clust wedi'i stwffio (Beth?)

Pysgodyn wedi'i ffrio

(gwnewch eich pysgodyn eich hunan trwy gymysgu llaeth,
reis wedi'i falu, menyn a thatws, gwneud siâp pysgodyn,
rhoi briwsion bara drosto a'i ffrio – bydd yn ddigon da i
nofio yn afon Tywi!)

Pwdin betys

Digon i 4: 6 owns (mesur y rhyfel) blawd cyflawn,
½ llwy de powdwr codi, 1 owns siwgr, 4 owns betys coch
wedi'u gratio, ½ owns margarîn.
Rhwbio'r margarîn i'r blawd a'r powdwr codi, ychwanegu
siwgr a betys. Yna 3–4 llwyaid o laeth. Coginio am 35 munud.
Mae hwn yn flasus iawn (?) yn oer neu yn boeth (neu yn y bin!)

Coffi

Dim coffi? Yna, malwch hadau barlys a mes, ychwanegwch ddŵr wedi'i ferwi a'i yfed (blasu fel rwber?).

Os byddwch chi'n dost, yn sâl neu bron â marw ar ôl bwyta'r bwffe bendigedig hwn – bendith arnoch chi!

TALENT Y TRACTOR

Syrthiodd pob ffermwr mewn cariad gyda'r tractor talentog yn ystod yr Ail Ryfel Byd enbyd achos roedd disgwyl iddyn nhw dyfu mwy a mwy a mwy o fwyd o hyd.

PALWCH DROS FUDDUGOLIAETH

'Cynyddwch gynnyrch Pob cae sydd gennych'

Prynwch DRACTOR

Mae'n gwneud gwaith 5 ceffyl

Does dim angen clirio dom na phiso

Cost: £175 (gwerth 59 oen!)

Digon o diesel (petrol sy'n cael ei ddogni!)

Gallwch aredig drwy'r dydd a'r nos

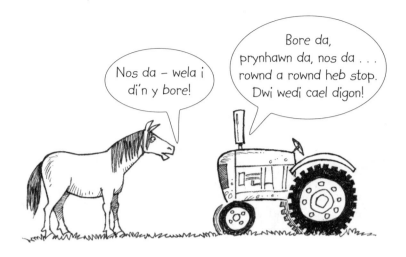

AILGYLCHU ARDDERCHOG

Dyma hobi hoffus plant yn ystod y rhyfel.
Casglu pob darn o fetel sbâr – giatiau, rheiliau, a
sosbenni i wneud awyrennau *Spitfire* i fomio'r
Almaenwyr ac unrhyw un arall yn y ffordd.

(Gwneud cawlach o'r cawl, siŵr o fod!)

CHWE THIP THWP

Eisiau bod yn seren byd ffasiwn yng nghanol rhyferthwy'r rhyfel? Wrth gwrs! Dilynwch y chwe thip thwp hyn a chi fydd seren ★ y sioe.

1. Yn poeni fod pen-ôl eich nicers neu'ch trôns bron â gwisgo'n dwll? (Mae eisiau bod yn ofalus am hyn neu bydd pawb yn gallu gweld trwyddyn nhw!) Ydych? Yna, dilynwch ganllawiau gwych '*Mrs Sew and Sew*'. Trwsiwch nhw gyda chlwt chwaethus. Fe wnân nhw'r tro wedyn.

Heddiw mae Johnny a Janet yn gwisgo'r ffasiwn ddiweddaraf . . .

2. Dim defnydd i wneud ffrog briodas hir, grand? Mae dau ddewis dwl gennych:

- priodi yn eich iwnifform ryfel (mewn defnydd sy'n crafu a chrafu ac o liw brown neu las tywyll hyll – nefi bliw!) NEU
- dwyn parasiwt (ond peidiwch â chael eich dal!) – bydd y sidan smart yn wych ar gyfer gwisg briodas.

Wnewch chi byth ddyfalu o beth wnes i'r ffrog briodas yma!

3. Dim sanau sidan i'w gwisgo i fynd i ddawnsio neu i'r sinema gyda'r milwyr? Mae dau ddewis dylach gennych:

• ffindiwch filwr Americanaidd llawn hiraeth am America (ble arall?) a rhowch sws glec fawr iddo. Bydd ganddo fe lond ei bocedi o sanau sidan smart ac fe gewch y cyfan (gan fod ei gariad go iawn ymhell dros y dŵr!).

• peintiwch eich coesau'n frown gyda brownin grefi neu de, a gofynnwch i'ch ffrind gorau farcio sêm slic i lawr y cefn gyda phensil brown tywyll. OND bydd un broblem – peidiwch â mynd allan pan mae'n bwrw glaw neu pan mae cŵn barus o gwmpas y lle!

Gr-rr gr-efi! Blasus iawn – dim **dog**ni i fi!

4. Dim trwyth trwchus i gadw'r gwallt yn stiff (ffasiwn 1943)? Cymysgwch ddŵr a siwgr a'i arllwys dros y gwallt. O fewn awr byddwch yn gallu sglefrio ar eich gwallt! Ond peidiwch â mynd allan yn y glaw – bydd yn fflop llwyr!

5. Dim minlliw coch ar gyfer eich gwefusau? Defnyddiwch sudd bitrwt! (Ond peidiwch â chyfogi!)

6. Dim arian i brynu esgidiau newydd sgleiniog? Rhowch gardfwrdd y tu mewn dros y tyllau yn eich hen esgidiau a thorri'r blaenau i ffwrdd – pi-po bawd mawr (ond peidiwch â thorri eich bysedd i ffwrdd mewn camgymeriad!).

CYNLLUN BRIL BOIS BEVIN

Yn ystod yr Ail Ryfel Byd enbyd (fel yn y RhB1 enbyd) roedd galw mawr am lo (nid llo ond glo!) Cymru ar gyfer y llynges, trenau, ffatrïoedd, ac i gadw pawb yn gynnes braf yn ~~yr haf~~ y gaeaf. Ond erbyn 1943 roedd miloedd o lowyr wedi DIANC o'r pyllau glo i ymladd yn y fyddin. Rywsut roedd yn rhaid cael hyd i ddynion eraill i gymryd eu lle. Dyna pryd y meddyliodd Ernest Bevin (y Gweinidog Llafur) am gynllun bril:

LLYFR NODIADAU NODEDIG BEVIN

A. Gorfodi bois ifanc i fod yn lowyr.

B. Tynnu raffl i ddewis pa fois fyddai'n mynd i'r fyddin a pha rai i lawr dan ddaear.

Llongyfarchiadau ar ennill y raffl.

Ond do'n i ddim eisiau'r wobr yma!

C. Rhoi helmedau ac esgidiau hoelion mawr iddyn nhw ond dim caib a rhaw. (Twp iawn - bydd yn rhaid defnyddio'r dwylo, felly!)

Ch. Byddan nhw'n cael dirwy fawr (talu llawer o arian) neu garchar os byddan nhw'n gwrthod mynd. (Bw-hw!)

D. OND RHYBUDD — DOES NEB I SÔN WRTHYN NHW:
• bydd y gwaith yn galed iawn, yr oriau'n hir a'r tâl yn fach! Roedd Alan Jennings yn Fachan Bevin yng nglofa'r Albion:

Roedd y siafft yn mynd i lawr 640 metr ac ar y gwaelod roedden ni'n gorfod cerdded 2 filltir at wyneb y ffâs. Dim ond 106 centimetr oedd uchder y to a do'n ni byth yn gallu sefyll ar ein traed. Ro'n ni'n gweithio 6 diwrnod yr wythnos, yn codi am 5 y bore ac yn gorffen shifft am 2.30 y prynhawn. Ro'n ni i gyd yn ymolchi gyda'n gilydd a dyna'r tro cynta i fi weld cannoedd o ddynion noeth gyda'i gilydd!

Wel, wel, do'n i ddim wedi sylweddoli bod wynebau glowyr yn wyn!

- bydd y glowyr go-iawn yn chwerthin am eu pennau nhw. Dywedodd un glôwr neis, neis:

'Na biti na chafodd Bois Bevin eu harllwys i lawr y draen gyda'r dŵr brwnt!

- bod chwarter y glowyr yn cael eu lladd (eu gwasgu i farwolaeth gan dramiau neu gan lo yn cwympo, tagu ar nwyon … dewiswch chi!) neu'n cael anafiadau i'w bysedd, eu dwylo neu eu llygaid.

Marw mewn pwll glo neu yn y fyddin? Penderfyna di!

- ar ôl y rhyfel fydd neb o gwbl yn diolch iddyn nhw am weithio mor galed.

Dyna bril oedd bod yn Fachan Bevin!

149

MENYWOD YN YSTOD YR AIL RYFEL BYD – MAS O'R GEGIN 'NA NAWR!

Ie, cyfle arall i fenywod ddisgleirio. Ond roedd rhai bron â drysu:

1900–14	1914–18	1918–39	1939–45
Yn y gegin	Allan o'r gegin	Yn y gegin	Allan o'r gegin

Mewn mas, mewn mas – dwi ddim yn gwybod ble ydw i!

A doedd DIM dewis – roedd yn RHAID i bob menyw gofrestru i weithio (dim chwarae!).

BLE?

👄 Yn y Fyddin Dir (fel yn y Rhyfel Byd Cyntaf – darllenwch ragor am hyn dan 'Menywod Mentrus y Rhyfel Mawr') yn godro gwartheg, carthu beudái brwnt, llifio coed anferth a dal llygod mawr.

- 'Nôl yn y ffatrïoedd arfau a ffrwydron ofnadwy a pheryglus. Roedd 35,000 yn gweithio yn ffatri arfau anferth Pen-y-bont ar Ogwr, y rhan fwya ohonyn nhw'n ferched. Yn ystod ei hwythnos gynta yn y gwaith chwythodd ffrwydrad ddwylo Gwen Obern o Aberdâr i ffwrdd a chafodd ei dallu am byth (druan fach).
- Yn gwneud awyrennau – bomwyr Wellington ym Mrychdyn, sir y Fflint, ac awyrennau môr ym Miwmares.

Roedd llawer o'r merched yn joio gweithio – mwy o arian, a lot o gwmni a hwyl. Yn ffatri ffrwydron Bangor roedd ganddyn nhw gôr. A'u hoff gân? 'There'll always be an England!' (yng Nghymru!)

Ffasiwn yn y ffatri

Roedd merched yn dal yn ffasiynol er gwaetha'r baw, yr olew a'r llwch. (Dyna roedden nhw'n ei feddwl, beth bynnag!)

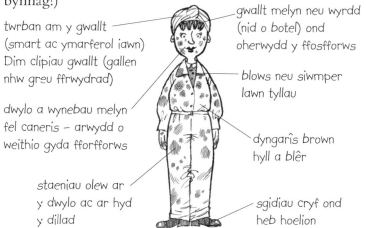

twrban am y gwallt (smart ac ymarferol iawn) Dim clipiau gwallt (gallen nhw greu ffrwydrad)

dwylo a wynebau melyn fel caneris – arwydd o weithio gyda fforfforws

staeniau olew ar y dwylo ac ar hyd y dillad

gwallt melyn neu wyrdd (nid o botel) ond oherwydd y ffosfforws

blows neu siwmper lawn tyllau

dyngarîs brown hyll a blêr

sgidiau cryf ond heb hoelion

151

NEU

👄 Yn y lluoedd arfog a dyma'r drefn:

y WRNS – merched y llynges, NHW oedd y crachach ar BEN yr ysgol.

y WAAFS – merched y llu awyr yn llawn glamor a'r peilotiaid yn ddeniadol iawn!

yr ATS – y merched cyffredin yn y fyddin. Dyma lle roedd y rhan fwya o ferched Cymru.

Ond wrth gwrs, fu'r merched yma ddim yn ymladd o gwbl! (O, naddo!) Eu gwaith nhw oedd gyrru pobl bwysig o fan i fan (jôc dda!), gweithio mewn swyddfa neu ofalu am ddosbarthu nwyddau. Yn anffodus roedd llawer o gwyno bod rhai o'r merched yma'n dod yn ormod o 'ffrindiau' gyda'r milwyr, y morwyr a'r awyrenwyr (Ych a fi!) – yn enwedig gydag Americanwyr oedd yn gwersylla o gwmpas Cymru. A dy'n ni DDIM yn sôn am ofyn iddyn nhw am ychydig o gwm cnoi, '*Got any gum, chum*'. *O*, na! Priododd rhai merched o Gymru'r milwyr GI (nid Golygus ac Ifanc ond *Government Issue!*) yma, a mynd i fyw i America ar ôl i'r rhyfel orffen. (Dyna stori fach neis o'r diwedd!)

A hefyd:

- 💋 Bu llawer yn nyrsys yn ysbytai Prydain a thramor, yn gweld a chlywed pethau ofnadwy iawn.
- 💋 Bu merched yn y gwasanaeth amddiffyn cartref yn clirio bomiau, yn helpu i ddiffodd tanau a gofalu am rai oedd wedi'u hanafu.
- 💋 Ac ar ôl dod adre o'r gwaith byddai'r holl olchi a smwddio, glanhau a choginio yn aros amdani (pwy arall fyddai'n gallu ei wneud?).

Ond roedd ambell i CONSHI hefyd – yn gwrthod gwneud <u>unrhyw beth</u> i helpu gyda'r ymdrech ryfel. Roedd Maedwen Daniel o Godre'r Graig, Cwm Tawe, yn gantores gampus ond roedd hi'n gwrthod canu mewn unrhyw gyngerdd i godi arian i'r rhyfel. Roedd yn rhaid iddi fynd o flaen tribiwnlys (dynion pwysig iawn). Cafodd ei chosbi trwy wneud iddi lanhau'r capel! (Mae'n siŵr fod hynny wedi rhoi sglein ar ei chanu!)

GWAEL NEU WYCH? EFFEITHIAU FFIAIDD YR AIL RYFEL BYD ENBYD

Do, cafodd Rhyfel 1939–45 effaith ar bob rhan o'r byd i gyd a fydd eich athrawon Hanes gorau ddim yn gallu rhestru popeth. Ond dyma ambell effaith gwael ac ambell un gwych. Dewiswch chi.

1. Cafodd y byd ei rannu yn orllewin (America a'i ffrindiau) a dwyrain (Rwsia a'i ffrindiau) a dyma nhw'n dechrau Rhyfel OER. GWAEL i bawb.

2. Concrodd yr Undeb Sofietaidd (Rwsia) holl wledydd dwyrain Ewrop: Tsiecoslofacia, Hwngari, Latfia, Gwlad Pwyl, Estonia, Lithwania . . . a'u gorfodi i fod yn Gomiwnyddion (gofynnwch i'ch athrawon am hyn!) am 40 mlynedd. GWAEL i'r gwledydd hynny ond GWYCH i Rwsia!

3. I ddial ar yr Almaen cafodd ei rhannu yn ddwyrain a gorllewin, ac yn Berlin codon nhw Fur mawr i rannu'r ddinas yn ddwy. Ddaeth e ddim i lawr tan 1989. GWAEL i'r Almaenwyr a'r Berlinwyr ond GWYCH i'r pwerau eraill?

Nifer wedi ceisio dianc o'r dwyrain i'r gorllewin = 5000
Nifer wedi marw wrth geisio dianc = tua 200
Nifer wedi marw wrth geisio dianc o'r gorllewin i'r dwyrain = 0

Milwyr y dwyrain ar ben y wal fawr,
Milwyr y dwyrain yn saethu i lawr
Pob plentyn a menyw a dyn bach mor ffôl
Â'u bryd ar ddianc i'r gorllewin yn ôl.

4. I helpu'r Iddewon cawson nhw wlad iddyn nhw'u hunain yn Israel (dyma lle roedd eu gwreiddiau), er bod Palestiniaid wedi byw yno ers canrifoedd. GWAEL iawn i'r Palestiniaid a GWYCH i'r Iddewon. Ac maen nhw'n dal i ymladd yn ffyrnig dros y tir yma heddiw.

5. Cafodd y Cenhedloedd Unedig ei ffurfio i geisio rhwystro rhyfeloedd erchyll fel hyn eto. GWYCH, ond beth am Corea a Fietnam, Irac ac Affganistan, Rwanda a . . .

6. Datblygodd technoleg newydd a fyddai'n newid y byd: pŵer niwclear, cyfrifiaduron (Hwrê!) a'r peiriant jet (Hwrê eto!). GWYCH.

7. Ac ym Mhrydain cafodd y Gwasanaeth Iechyd Cenedlaethol ei sefydlu i roi gwasanaeth iechyd rhad ac am ddim i bawb, o'r crud i'r bedd. GWYCH IAWN – a syniad pwy oedd hwn, tybed? Y Cymro, Aneurin Bevan.

Ac ymlaen ac ymlaen . . . nes diflasu pawb.

'DAS ENDE!'
(Y Diwedd – Diolch Byth!)

Daeth yn bryd rhoi stop ar olrhain hanesion
Y ddau Ryfel Byd a'u creulon atgofion.

Rhoi pen ar adrodd am ladd a charcharu,
Am fomio dinasoedd a phlant hanner llwgu,

Am filwyr a morwyr yn brwydro dros Brydain
Mor wrol i drechu y gelyn drwg, milain.

A Chymru fach hithau yng nghanol y cyfan
Yn cyfrannu at hanes dwy gyflafan fyd-eang.

Ond eto'n y pendraw rhaid gofyn yn hy
Pwy oedd yn fuddugol – y NHW neu NI?

A chytuno wrth gyfri'r colledion lu
Mai COLLI wnaeth pawb – coeliwch chi fi.

A dyw rhyfel ddim yn dweud pwy sy'n iawn ychwaith,
Dim ond pwy sydd ar ôl, mae hynny yn ffaith.

A dyna paham na ddylem anghofio
Dathlu heddwch, nid rhyfel, ar 'Sul y Cofio'.